Nivel **A1**

Autores
Cristina Herrero Fernández
María Martínez-Delgado Veiga
Margarita Planelles Almeida
Pablo Torrado Solo de Zaldívar
Olga Cruz Moya (coord.)

NUEVA EDICIÓN

¡Genial!
Curso de español

Incluye

Libro del alumno
Cuaderno de actividades
Banco léxico
Gramática afectiva
A escena: vídeos de apoyo
#ComunidadesDeAprendizaje
Acceso al libro digital

Dirección editorial: enClave-ELE

Autores: Cristina Herrero Fernández, María Martínez-Delgado Veiga, Margarita Planelles Almeida, Pablo Torrado Solo de Zaldívar

Coordinadora: Olga Cruz Moya

Edición 2017: Cristina García Sánchez - Educaglobal

Nueva edición 2021: Leticia Santana, Ana Higueras

Diseño y maquetación: Diseño y Control Gráfico, Malena Castro (nueva edición)

Cubierta: Diseño y Control Gráfico

Fotografías: © Shutterstock; © Edit-enclave; pág. 13: https://bit.ly/2TZqEyG; https://bit.ly/3qnpskH; https //crnnoticias.com/los-tigres-del-norte-ataud/; https://bit.ly/3qnKP5A; pág 34: Joseph Sohm/Shutterstock.com; pág. 38 y 39: Evren Kalinbacak/Shutterstock.com; pág. 44: Kobby Dagan/Shutterstock.com; Featureflash Photo Agency/Shutterstock.com; pág. 50: Everett Collection/Shutterstock.com; DFree/Shutterstock.com; Petr Toman/Shutterstock.com; pág. 56: Helga Esteb/Shutterstock.com; Leonard Zhukovsky/Shutterstock.com; Tinseltown/Shutterstock.com; https://bit.ly/3xKcMqx; pág .57: https://www.estarguapas.com/223282-muk-bang-o-como-ganar-dinero-comiendo; pág. 61: Ovu0ng/Shutterstock.com; pág. 62: Denis Makarenko/Shutterstock.com; pág 66: Kamira/Shutterstock.com; pág. 78: 4kclips/Shutterstock.com; Christian Bertrand/Shutterstock.com; happymay/Shutterstock.com; pág 84: https://www.facebook.com/VitaloeCR/photos/a.323492047763481.72590.294214987357854/812230065556341/?type=3&permPage=1; pág. 86: https://s-media-cache-ak0.pinimg.com/originals/1a/94/58/1a945892b8b8222e99baea27fdb610e3.jpg ; https://pollosrikos.files.wordpress.com/2014/07/pollos-rikos-carta-del-restaurante-peruano-de-pollos-a-la-barasa-en-barcelona.jpg ; pág. 88: https://www.zomato.com/es/miami/sabor-venezolano-doral-miami-springs/menu ; http://www.pendejorestaurante.com/mexicano/?page_id=21; https://theknifemadrid.files.wordpress.com/2011/11/the-knife-triptico-el-almacen-argentino-2.jpg; pág. 94:Joseph Sohm/Shutterstock.com; pág. 97: tanuha2001/Shutterstock.com; pág. 102: Gil C/Shutterstock.com; pág 104: Kobby Dagan/Shutterstock.com; Kobby Dagan/Shutterstock.com; pág. 116: Hepta: inmacifuentes.alika@gmail.com; pág 118: Watch_The_World/Shutterstock.com; https://i.ytimg.com/vi/o1KEdLL6n9o/maxresdefault.jpg ;pág. 130: Neale Cousland/Shutterstock.com; Denis Makarenko/Shutterstock.com; CP DC Press/Shutterstock.com; pág. 133: Featureflash Photo Agency/Shutterstock.com; http://dm.h-cdn.co/assets/16/21/1464481525-bardem02.jpg; pág. 140: David San Segundo/Shutterstock.com; pág. 147: Fotos593/Shutterstock.com; pág. 150: http://www.growproexperience.com/viajes/tipos-de-viajeros

Ilustraciones: Jaume Bosch

Estudio de grabación: Voces de cine

Agradecimientos: Al Máster de Lingüística aplicada de la Universidad Antonio de Nebrija por habernos unido; a Susana Martín, por habernos mostrado el maravilloso mundo de la creación de material didáctico; a Cristina García, por hacer posible que este proyecto vea la luz y por apoyar a los autores en todo momento; a Leticia Santana, por ofrecer su tiempo, comprensión, entusiasmo y energía cuando más lo necesitábamos; a Olga Cruz, por la inestimable ayuda que nos ha proporcionado de manera totalmente desinteresada, por su predisposición y por su conocimiento; a Alfonso y Adriana, por materializar de una manera difícilmente superable nuestro sueño audiovisual.

© enClave-ELE, 2021
ISBN: 978-84-18731-17-4
Depósito legal: M-20490-2021
Impreso en España
Printed in Spain

Cualquier forma de reproducción, distribución, comunicación pública o transformación de esta obra sólo puede ser realizada con la autorización de sus titulares, salvo excepción prevista por la ley. Diríjase a CEDRO (Centro Español de Derechos Reprográficos, www.cedro.org) si necesita fotocopiar o escanear algún fragmento de esta obra.

¡Genial! es un manual diseñado bajo los parámetros del **MCER** y el **PCIC** con un **enfoque orientado a la acción**.

Atiende a las **diferencias individuales** de los alumnos y a la realidad de la enseñanza de ELE en grupos de contextos muy diversos.

¡Genial! se caracteriza porque:

- contiene **tareas significativas, afectivas y memorables.**
- favorece el **aprendizaje en espiral**, de manera que los contenidos se fijan y rentabilizan a lo largo del libro.
- trabaja los **contenidos nocio-funcionales, gramaticales, léxicos, pragmáticos, fonéticos y ortográficos** de manera integrada y equilibrada.
- desarrolla la **competencia intercultural** a través de actividades que transmiten **saberes y comportamientos socioculturales** de distintas partes del mundo hispanohablante.
- incorpora audios que reflejan el **uso real de la lengua** en diferentes contextos.
- desarrolla la **autonomía** y las **estrategias de aprendizaje** del alumno.
- incluye un **cortometraje** de ficción por unidad en la sección *A escena* para repasar los contenidos lingüísticos de la unidad, y trabajar la **comprensión audiovisual**, la **escritura creativa** y la **dramatización** en el aula.
- abarca los referentes culturales de ocho países en la sección *Dentro del mundo hispanohablante*.
- presenta **etiquetas #** para que el alumno autónomo encuentre muestras de lengua en Internet.

Si te gustan las redes sociales, **¡Genial!** es tu manual. Integramos el uso de redes como Twitter, Instagram o Facebook de forma natural. Este libro tiene un sistema de etiquetas # en cada unidad, relacionadas con una actividad.

Si quieres practicar tu español de un modo real, usa esas etiquetas # en tus publicaciones en las redes sociales. También puedes leer lo que otras personas que hablan español escriben.

Además puedes conocer a otros estudiantes de español de tu nivel y hablar con ellos usando #SoyGenialA1

Si usas Instagram, te animamos a formar parte del proyecto de Pilar Munday y Adelaida Martín Bosque siguiendo la etiqueta #InstagramELE, donde estudiantes de todo el mundo publican cada día fotos con diferentes temas.

• **UNIDAD 0:** #SoyEstudianteDeEspañol	• **UNIDAD 1:** #SoyEstudianteDeEspañol #MiBolso	• **UNIDAD 2** #SoyGenialA1 #Hiperpolíglotas
• **UNIDAD 3** #SomosDiferentes #MiGranBoda	• **UNIDAD 4** #MeGusta #AficionesCuriosas	• **UNIDAD 5** #UnBarrioDeCine #SeAlquila
• **UNIDAD 6** #BlogsComida #DietaDeLaMano	• **UNIDAD 7** #GemelasDiferentes #SerieAdictos	• **UNIDAD 8** #MisVacaciones #RopaInteligente

ÍNDICE DE CONTENIDOS

	FUNCIONES	GRAMÁTICA	LÉXICO	Y ADEMÁS...
UNIDAD 0			• Números (1-10) • Instrucciones	
UNIDAD 1 La clase de Español pág. 10	• Presentarse • Saludar y despedirse • Expresar existencia • Deletrear • Preguntar cómo se dice o escribe algo	• Pronombres personales • Artículos determinados/indeterminados • Género y número • *Ser, tener, llamarse* • *Hay* (existencia)	• Saludos y despedidas • Nombre de las letras • Números (1-100) • Objetos personales • Objetos de la clase • Preguntas de la clase	**Ortografía y fonética** G-C **Cultura** Guatemala **Proyecto** Describir objetos
UNIDAD 2 De todo el mundo pág. 24	• Pedir confirmación • Pedir y dar información personal • Rellenar formularios/fichas con datos personales	• Presente del indicativo • Pronombres personales • Género y número de los adjetivos • Pronombres interrogativos • Coordinadas copulativas, disyuntivas y adversativas	• Países y nacionalidades • Tipos de música • Comidas • Profesiones • Lugares de trabajo • Datos personales	**Ortografía y fonética** • La entonación en los saludos y en las preguntas • N - Ñ **Cultura** Argentina **Proyecto** Crear un perfil en una red social de un personaje hispanohablante
UNIDAD 3 Somos diferentes, somos iguales pág. 38	• Hacer descripciones físicas y de carácter • Hablar de la familia • Dar una opinión • Rellenar un perfil en una red social	• La negación • La concordancia adjetivo/nombre • Posición del adjetivo • Adverbios de cantidad *muy/bastante/un poco + adjetivo* • Posesivos • Plural • Demostrativos	• Descripciones físicas • Diminutivos • Descripciones de personalidad • Familia • Estado civil	**Ortografía y fonética** G-J **Cultura** Costa Rica **Proyecto** Crear un avatar para trabajar las descripciones
UNIDAD 4 Somos frikis pág. 52	• Hablar de aficiones • Expresar gustos e intereses • Expresar habilidad • Explicar la causa	• Verbos de valoración: *gustar, encantar* • Expresar cantidad: *mucho, bastante, nada* • Contrastar gustos • Expresar habilidad • Diferencia entre *porque* y *por qué*	• Aficiones • Voluntariado • Medioambiente	**Ortografía y fonética** División de la palabra en sílabas **Cultura** España **Proyecto** Grabar un vídeo para hablar sobre los gustos

ÍNDICE DE CONTENIDOS

	FUNCIONES	GRAMÁTICA	LÉXICO	Y ADEMÁS...
UNIDAD 5 **Un barrio genial** pág. 66	• Describir nuestro barrio • Situar y localizar dónde están los objetos • Preguntar una dirección y explicar cómo llegar a un lugar • Describir la casa y sus partes	• Expresar existencia: *Hay* • Situar en el espacio: *Estar* • Adverbios de cantidad • Preposiciones	• Barrio • Ciudad • Tipos de casa • Partes de la casa • Muebles	**Ortografía y fonética** C - Z - Q - K El seseo **Cultura** Chile **Proyecto** Publicar un anuncio para alquilar un piso que hemos diseñado
UNIDAD 6 **Somos lo que comemos** pág. 80	• Hablar de la comida, gustos y hábitos alimentarios • Pedir y dar información sobre alimentos • Invitar y aceptar invitaciones • Interactuar en bares y restaurantes	• Oraciones de relativo • Verbos de cambio vocálico e>ie: *querer*, *preferir*	• Alimentos • Tipos de platos • Pagos • Bebidas • Expresiones de frecuencia • Números (100 - 999)	**Ortografía y fonética** R **Cultura** Bolivia **Proyecto** Crear el menú para un restaurante
UNIDAD 7 **Mi tiempo, mi vida** pág. 94	• Hablar de la vida cotidiana • Hablar de las aficiones • Expresar frecuencia • Decir la hora • Preguntar por planes e intenciones	• Verbos reflexivos • Verbos con cambio vocálico o > ue: *acostarse* • Proponer planes y expresar intenciones • Expresar frecuencia	• Hábitos y rutinas • Expresiones de frecuencia • Días de la semana • Partes del día • Preguntar/ dar la hora • Organizadores de discurso	**Ortografía y fonética** B-V **Cultura** México **Proyecto** Crear un grupo de *Meetup*

UNIDAD 8
Aquí empiezan tus vacaciones
pág. 108
	• Organizar un viaje
	• Expresar planes e intenciones
	• Descubrir qué tipo de viajero eres
	• Hablar del clima y de la ropa
		• Perífrasis:
		  • *Ir + a + infinitivo*
		  • *Querer + infinitivo*
		• Finalidad: *para + infinitivo*
			• Medios de transporte
			• Tipos de alojamiento
			• Objetos de viaje
			• Ropa
			• Colores
			• Clima
				Ortografía y fonética
				Actos de habla exclamativos y expresivos en sus formas básicas
				Cultura
				Venezuela
				Proyecto
				Describir qué ver, dónde dormir, dónde comer y cómo llegar a una ciudad

ESQUEMA DE LAS UNIDADES

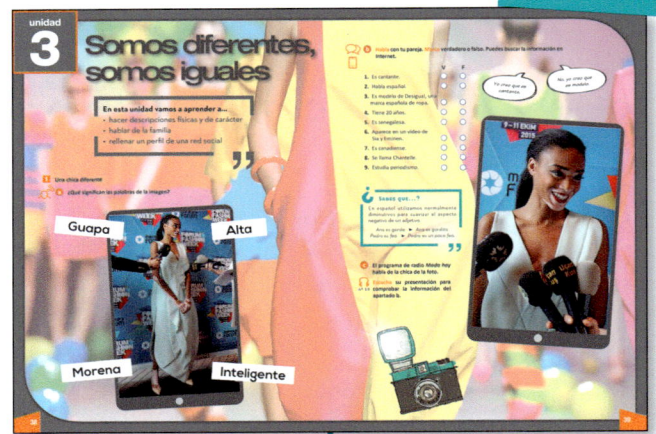

Inicio de unidad

Se presentan los contenidos de la unidad y trabajamos actividades de precalentamiento

A través de tres secuencias trabajamos los contenidos de la unidad y desarrollamos todas las destrezas

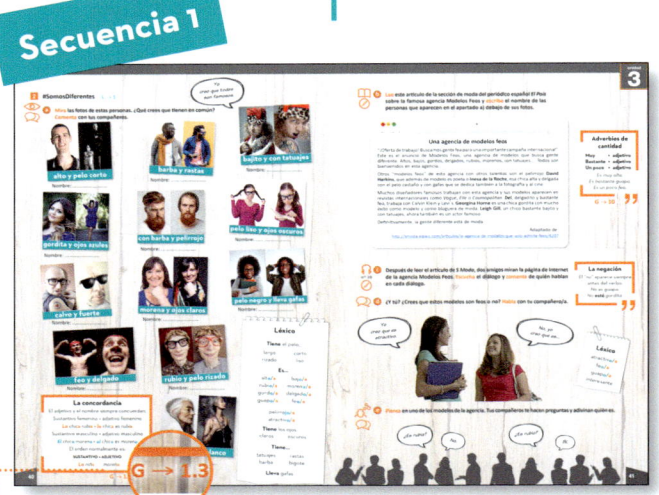

Secuencia 1

Llamada a la sección del apéndice gramatical para ampliar la información

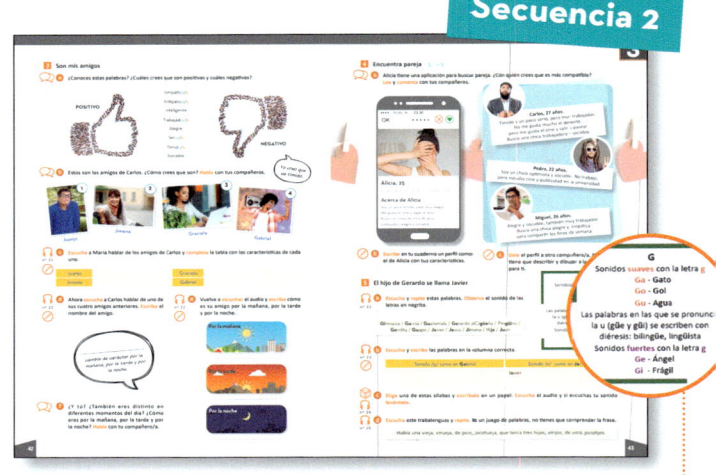

Secuencia 2

Contenido fonético y ortográfico integrado en las actividades

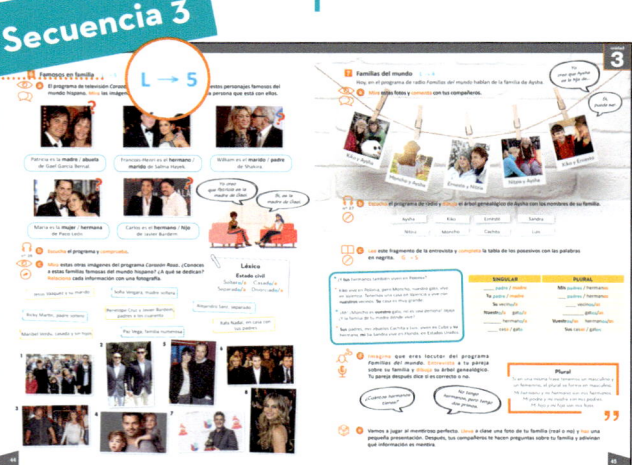

Secuencia 3

Llamada a una actividad del banco de léxico para ampliar el contenido

Marcas de color que ayudan a diferenciar el género de las palabras

A escena

Explotación didáctica de un cortometraje con temática afín a la unidad

ESQUEMA DE LAS UNIDADES

Cultura

Se pone de manifiesto la pluralidad lingüística, referentes culturales e interculturales

Proyecto

Al final de cada unidad el estudiante puede realizar un proyecto y una auto evaluación para verificar su aprendizaje

Banco de léxico

Ampliación del contenido léxico en cada unidad y referenciado dentro de las actividades

Cuaderno de actividades

En el cuaderno de actividades se trabajan todas las destrezas y se refuerzan contenidos que pueden presentar mayor dificultad para el alumno

CONTENIDO ADICIONAL

Cada unidad cuenta con material extra al final del libro para profundizar y consolidar contenidos tanto dentro como fuera del aula

Apéndice gramatical

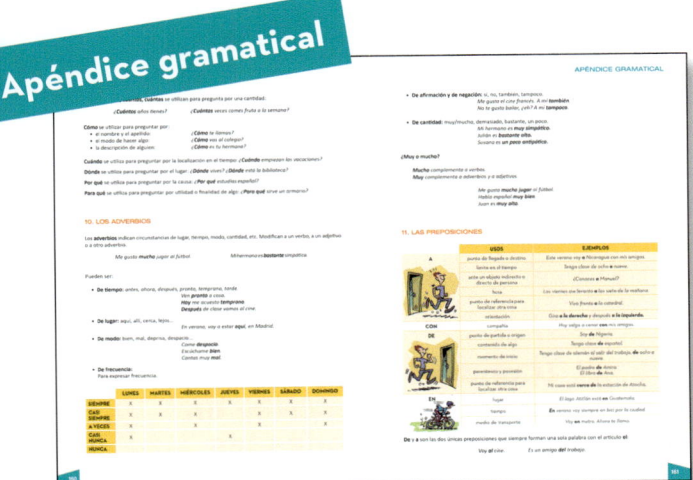

Apoyo gramatical con explicaciones breves y sencillas e ilustraciones que clarifican contenidos cuya comprensión puede presentar mayor dificultad

Pronunciación y ortografía

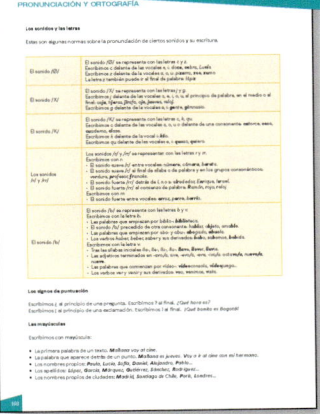

Resumen de los principales aspectos fónicos y ortográficos

¡Bienvenido al español!

1 La lista de palabras internacionales del blog *Hola*.

🎧 **a** **Escucha** y **escribe** el número de cada sonido en la imagen que corresponde.
nº 1

Blog **Hola** INGRESAR | Nombre de usuario | Contraseña | Acceder

Palabras del español

INICIO — GALERÍA DE FOTOS — CULTURA — LENGUA — CONTACTO

a   b   c   d

e   f   g   h

b **Relaciona** las palabras con las imágenes.

1. Hotel
2. Aeropuerto
3. Guitarra
4. Tango
5. Tapas
6. Siesta
7. Taxi
8. Fiesta

c ¿Conoces otras palabras en español? **Escribe** en el cuaderno todas las palabras que conoces.

8

2 Uno, dos, tres...

a **Ordena** las palabras de la nube del uno (1) al diez (10).

1. Uno
2. _ _ _
3. _ r _ _
4. _ _ a _ _ _
5. Cinco
6. _ _ i _
7. Siete
8. _ c _ _
9. _ u _ _ _
10. Diez

b **Escucha** al profesor dar las instrucciones en la clase y **dibuja** el icono de la instrucción.

nº 2

✏️ Escribe, dibuja		👁 Mira	
💬 Habla con tus compañeros		🏃 Muévete	
🎤 Pregunta a tu compañero/a		➡️ Relaciona	
🎧 Escucha		✕ Marca con una X	
📖 Lee		🎲 Juega	
⚙️ Recuerda, imagina		📱 Movilízate	

unidad

1

La clase de español

En esta unidad vamos a aprender a...
- presentarnos
- saludar y despedirnos
- preguntar cómo se dice o se escribe algo

1 Una clase genial

Hoy hay clase en la escuela de español *Genial*.

 **a** **Mira** esta escena del curso de la mañana. **Lee** y **ordena** el cómic.

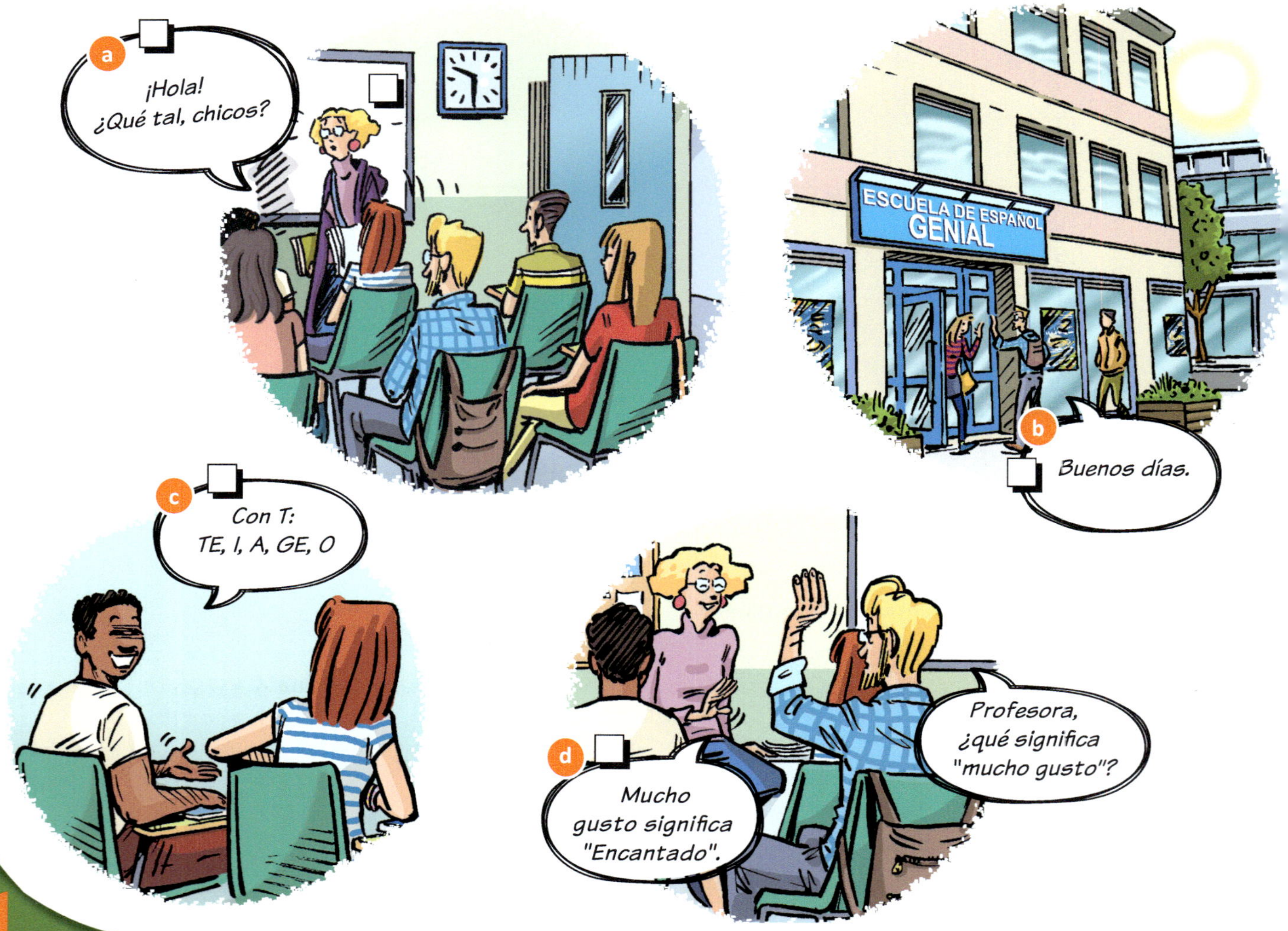

a ¡Hola! ¿Qué tal, chicos?

b Buenos días.

c Con T: TE, I, A, GE, O

d Mucho gusto significa "Encantado".

Profesora, ¿qué significa "mucho gusto"?

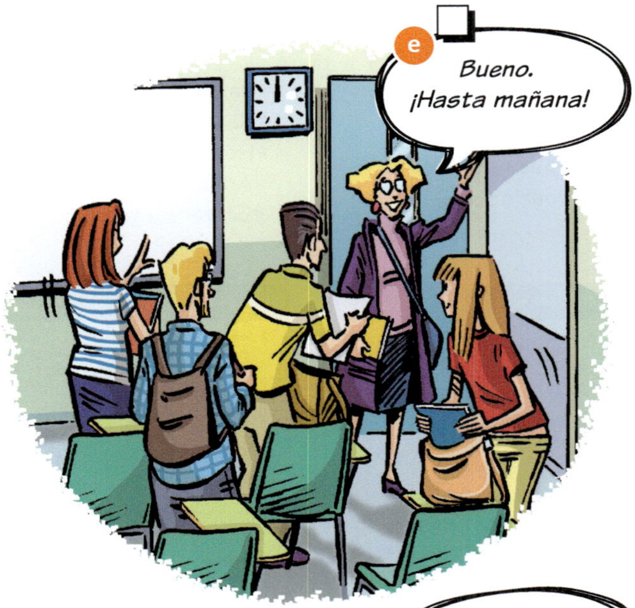

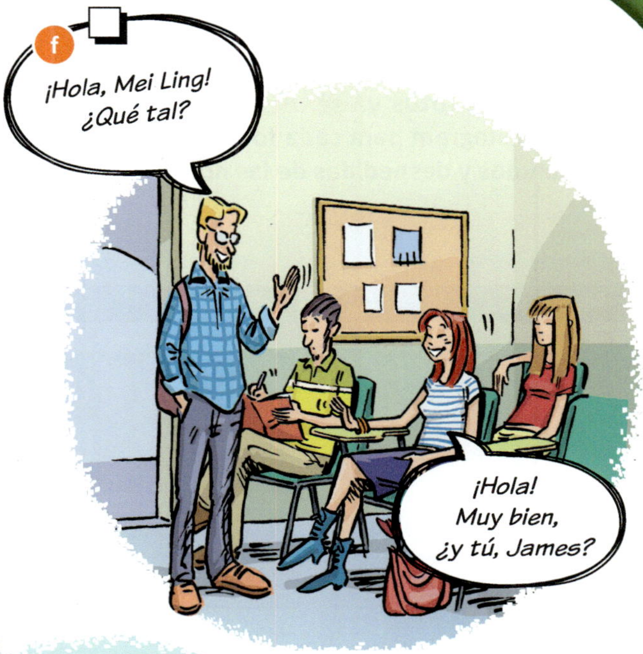

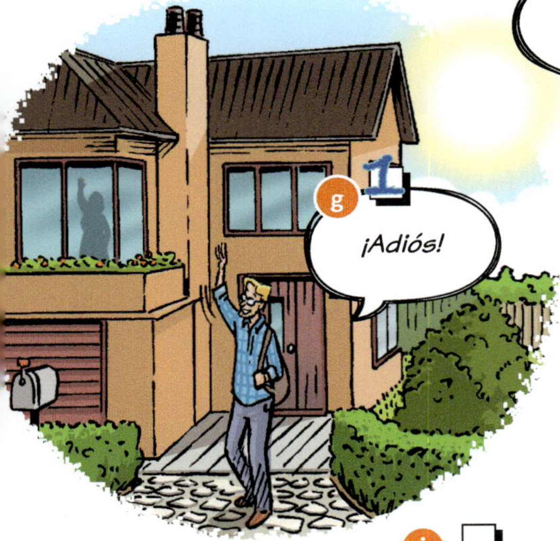

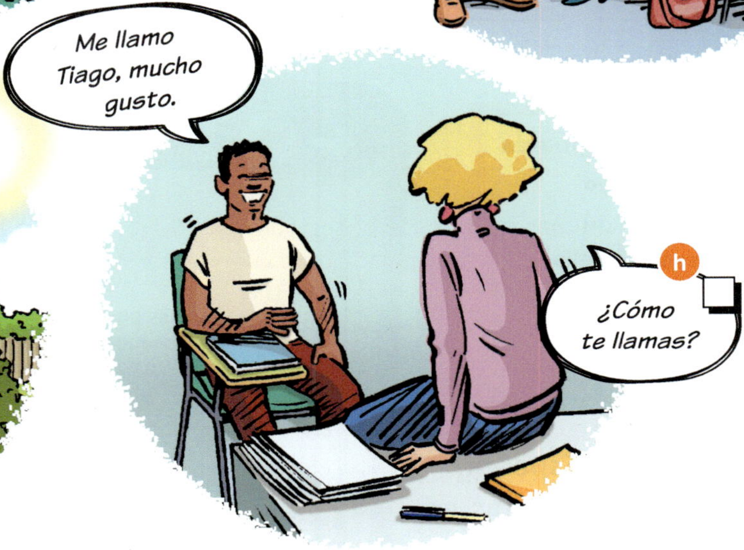

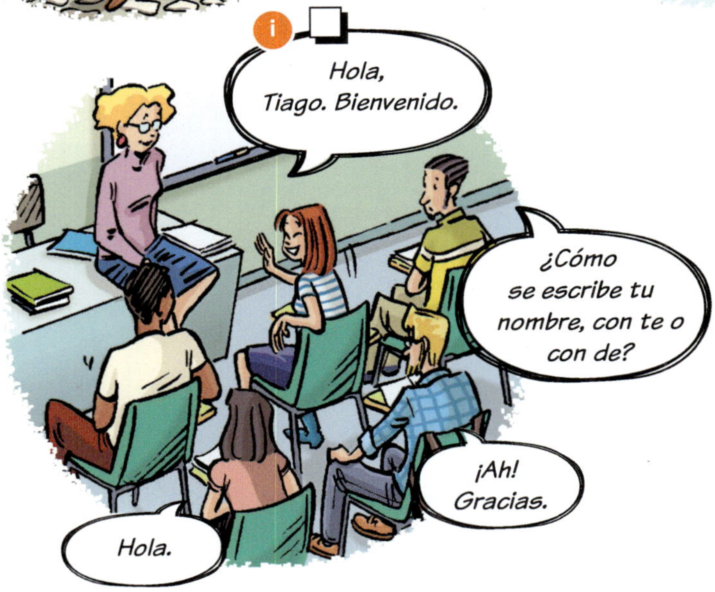

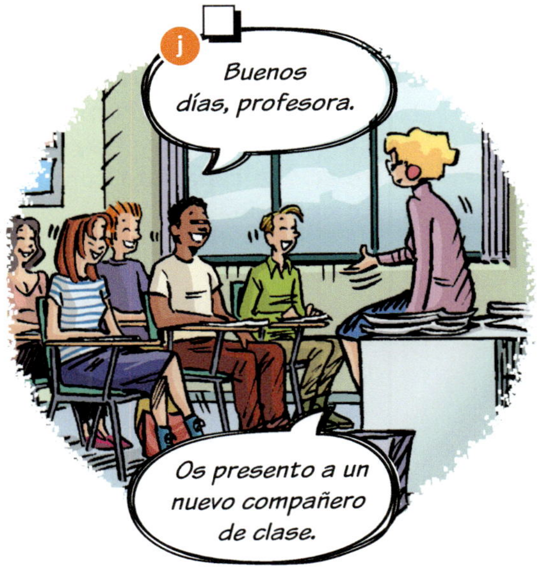

  Escucha para comprobar.

2 El estudiante nuevo L → 6

Mira las fotos y **escribe** una etiqueta de Instagram para cada foto. **Utiliza** los saludos y despedidas de las notas.

Saludos:
#Hola
#Buenos días
#Buenas tardes
#Buenas noches

Despedidas:
#Hasta luego
#Hasta mañana
#Hasta pronto
#Adiós
#Chao

#Adiós

Pronombres personales
1.ª persona: **yo**
2.ª persona: **tú**
3.ª persona: **él / ella**

G → 8

3 La tarea de Tiago
#SoyEstudianteDeEspañol

Haz un mural de palabras en español con tus compañeros.

a **Lee** la conversación de WhatsApp del grupo de compañeros de Tiago y **relaciona** cada foto con un comentario.

b **Mira** las palabras en negrita de la conversación y **completa** la tabla del verbo *ser*.

G → 13.5

VERBO SER	
Yo	
Tú	
Él / Ella	

TAREA DE CLASE
James, Mei Ling, Tú

¿Quién crea el mural?

Mei Ling — 1
Tú, Tiago, **eres** las persona ideal.

¿Yo? — 2

James
Mei Ling **es** la persona perfecta. Ella conoce muchas aplicaciones web.

Mei Ling — 3
Noooooo. Yo no tengo tiempo. Tengo muchas tareas de otros profesores.

¿Y James? Él conoce muchas palabras en español.

James — 4
Vaaaale. Yo **soy** el genio del grupo. Yo creo el mural.

Mei Ling — 5
¡Bien! ¡Gracias!

James
Pero vosotros también escribís palabras en español. ¿Vale?

Vale. — 6

4 Somos los Tigres del Norte

En Radio 1, Radio 2, Radio 3 y Radio 4 presentan a cuatro grupos de música diferentes.

a Escucha y relaciona las radios con las fotos de los músicos.

Radio: ____   Radio: ____   Radio: ____   Radio: ____

b Escucha otra vez y completa las presentaciones de las radios con la forma correcta de los verbos *ser* y *llamarse*.

Radio 1:
–Hola. Buenos días, bienvenidos a Radio 1. Hoy escuchamos a un grupo de México. Son cinco músicos y tocan mariachi. Hola, chicos, ¿cómo __ _____?
–Nosotros _____ los Tigres del Norte.
–Tigres del Norte. ¡Qué buen nombre! _____ de México, ¿no?
–Sí, _____ mexicanos.

Radio 2:
–Buenas tardes, hoy hablamos con un grupo de Argentina. Ellos _____ Los Enanitos verdes. Bienvenidos, enanitos verdes.
–Hola, buenas tardes.
–__ _____ Los Enanitos verdes, pero no sois verdes.

Radio 3:
–Buenas noches. Aquí estamos con un grupo de música *punk*. Ellos _____ de España. Hola, ¿cómo se llama vuestro grupo?
–Buenas noches. Nosotros somos Hamburguesa vegetal.
¡Hamburguesa vegetal! ¿_____ vegetarianos?
–No.

Radio 4:
–¡Hola! Hola a todo el mundo _____ el grupo de música *indie* del momento.
–Hola.
–Hola a todo el mundo ¡Qué nombre tan original!
–Sí. _____ un nombre bonito, ¿verdad?

> **Presentarse y preguntar el nombre**
>
> ¿Cómo te llamas?
> Me llamo María, encantada.
> Yo soy Manuel, encantado.
>
> G → 9

LLAMARSE		
Yo	me	llam**o**
Tú	te	llam**as**
Él, Ella	se	llam**a**
Nosotros/as	nos	llam**amos**
Vosotros/as	os	llam**áis**
Ellos, Ellas	se	llam**an**

SER	
Yo	soy
Tú	eres
Él, Ella	es
Nosotros/as	somos
Vosotros/as	sois
Ellos, Ellas	son

c Imagina que sois un grupo de música. Inventa un nombre para el grupo y preséntalo con tus compañeros a la clase.

Nosotros somos los .... Vosotros, ¿cómo os llamáis?

5 Cosas de clase

a) **Mira** las cosas que hay en la clase de español. **Clasifica** las palabras de la nota de léxico en masculinas y femeninas.

Léxico

Un libro
Una pizarra
Un estudiante
Una mochila
Una estudiante
Unos lápices

Masculinas	Femeninas
Un libro	Una mesa

b) **Coloca** las palabras de la lista en los espacios en blanco de la imagen.

Los artículos

En español, los nombres pueden ser masculinos o femeninos, singulares o plurales. El artículo tiene el mismo género y número que el sustantivo:

*Un sacapuntas. Unos libros.
Una pizarra. Unas estanterías.*

G → 3.1

Para expresar existencia

*Hay un libro.
Hay una piscina.
Hay una fuente.*

G → 13.7

c) ¿Qué hay en tu casa? Piensa en un objeto especial que tienes en tu casa o en el trabajo y **escribe** su nombre en un papel. Tus compañeros tienen que adivinar de quién es. Si no conoces la palabra **pregunta** a tu profesor o **busca** la palabra en el diccionario o en tu móvil.

> En mi casa hay un hammock. ¿Cómo se dice hammock en español?

> Se dice hamaca.

Preguntar

Para preguntar el nombre de algo:

¿Cómo se dice esto en español?
¿Cómo se dice "Biologie" en español?

G → 9

6 Un bolso, muchas cosas #MiBolso

a ¿Sabes cómo se dicen estos objetos en español? Escucha y relaciona a cada estudiante con su objeto.

1.  DVD   2. MP3   3.  USB

 Mei Ling

 Tiago

 James

> **Posesión**
> Para expresar posesión utilizamos el verbo *tener*: Yo tengo
>
> G → 13.2

b Escucha y repite el abecedario en español.
G → 1.2

a	a	**H**aba**n**a
b	be	**B**olígrafo
c	ce	**C**artera
d	de	**A**d**i**ós
e	e	**E**spaña
f	efe	**F**olio
g	ge	**G**afas
h	hache	**H**ospital
i	i	**I**talia
j	jota	**J**apón
k	ca	**K**ilo
l	ele	**L**una
m	eme	**M**añana
n	ene	**N**uevo
ñ	eñe	**O**toño
o	o	**H**o**m**bre
p	pe	**P**eine
q	cu	**Q**ueso
r	erre	**R**eloj
s	ese	**S**illa
t	te	**T**eléfono
u	u	**M**u**j**er
v	uve	**V**erano
w	uve doble	**W**hisky
x	equis	**T**a**x**i
y	i griega / ye	**M**a**y**o
z	ceta	**T**a**z**a

> **C**
> + a, o, u = /k/
> *C*asa, lo*c*o, *c*u*c*o
>
> + e, i = /Θ/
> Balon*c*esto, a*c*ción
>
> **G**
> + a, o, u = /g/
> *G*ato, ha*g*o, a*g*ua
>
> + ue, ui = /g/
> Ju*gu*ete, *gu*itarra
>
> + e, i = /x/
> *G*ente, a*g*itar

c Los estudiantes de *Genial* nos dicen qué hay en el bolso. Escucha a Mei Ling y completa las palabras.

1. unas _ _ aves
2. un p _ _ ne
3. unas _ a_as
4. una _ art_ra
5. una _ i _ _ eta
6. un _ ó _ il

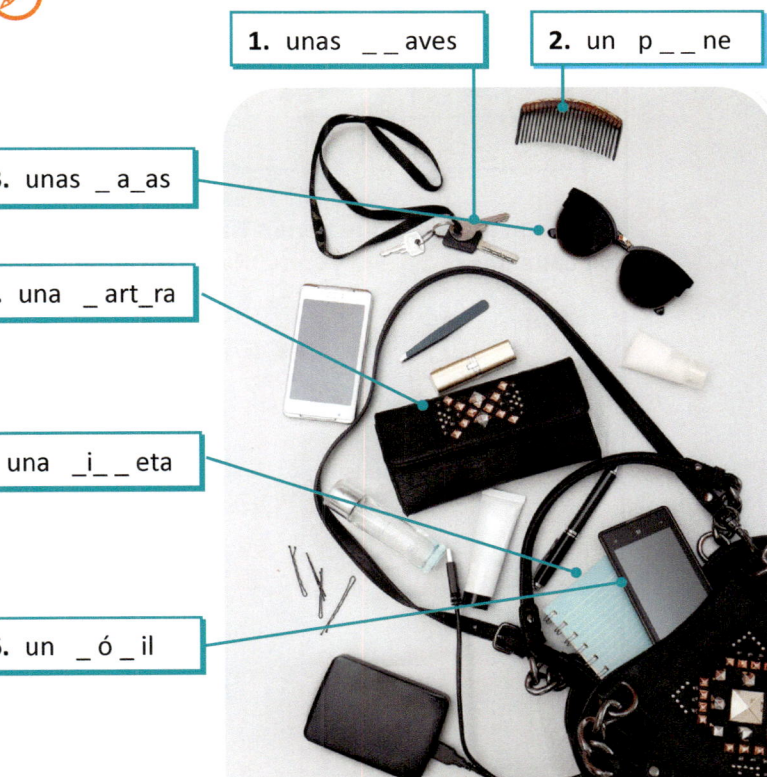

7 Una mesa llena de objetos

a Mira los objetos de las mesas de estos tres artistas. Imagina que tú eres uno de ellos y elige una de las tres imágenes. Tu pareja te hace preguntas y tiene que adivinar cuál es tu dibujo.

1    2    3

¿En tu mesa hay unas gafas?

Sí.

8 ¿Qué tienes en el bolso?

Para jugar al juego de los objetos del bolso, los alumnos de *Genial* necesitan saber más palabras y preguntan al profesor el nombre de estas cosas.

a Escucha y escribe el nombre debajo de cada objeto.

nº 8

1  2

3  4

Para preguntar

¿Cómo se escribe?
¿Cómo se dice esto?

Si no entendemos bien
Más despacio, por favor.
¿Puedes repetir, por favor?

G → 9

TENER	
Yo	teng**o**
Tú	t**ie**nes
Él, Ella	t**ie**ne
Nosotros/as	ten**emos**
Vosotros/as	ten**éis**
Ellos, Ellas	t**ie**nen

b Estas son las cosas que tienen Tiago, James y Elena, la profesora, en el bolso. ¿Sabes qué bolso es de cada uno? Imagina y comenta con tu compañero/a de qué persona es cada bolso.

1    2    3

 *Elena*    *Tiago*    *James*

unidad 1

c) ¿Sabes cómo se llaman todos los objetos que tienen Tiago, James y Elena? **Pregunta** a tu profesor o **busca** en tu móvil o diccionario. **Escribe** las palabras al lado de las imágenes.

d) **Escucha** a Tiago, James y Elena describir las cosas que tienen en el bolso para comprobar tus respuestas.

nº 9

9 Mira lo que tengo

a) **Juega** al bingo de objetos. **Elige** cinco objetos y **escribe** su nombre debajo de la imagen. El profesor dice qué objetos tiene en la bolsa. El primero que termina dice: ¡bingo!

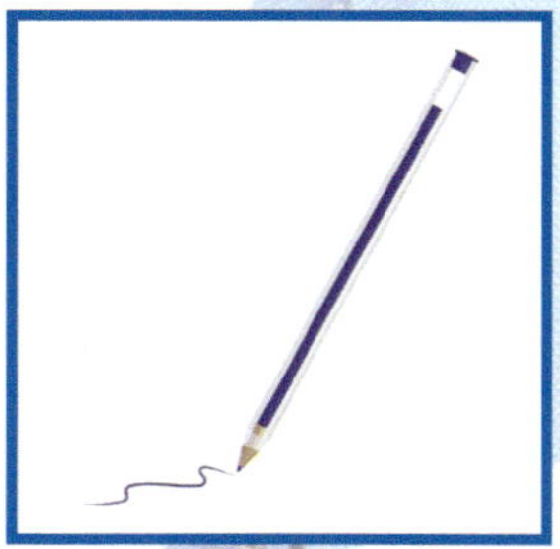

b) Ahora tú. **Comenta** qué llevas en el bolso o la mochila. Entre toda la clase elegís al estudiante con el bolso o mochila más original.

> Yo tengo un libro, unas llaves, unas gafas y un cuaderno.

> Yo tengo un móvil, un cuaderno, un bolígrafo y una cámara de fotos.

17

10 ¿Y tú cuántos...? L → 1

Genial Televisión hace algunas preguntas en la calle sobre la edad de la gente.

a Mira cómo se dicen los números y relaciona los bocadillos con las fotos de los entrevistados.

a. Tengo veinticinco años.

b. Yo tengo cincuenta y ocho años y ella tiene cuarenta y nueve.

c. Tengo trece años.

d. Tengo diecinueve años.

e. Yo tengo treinta y cinco años y él tiene treinta y tres.

1. María
2. Juanjo
3. Isabel
4. Paco y Luisa
5. Antonio y Aurora

b Escucha para comprobar. nº 10

c Observa y lee los números en español en la página 158 del libro.

11 Números, números G → 6.1

a Vamos a jugar al juego del Pim, Pum. ¡PIM PUM!

En parejas o en grupo, contamos del 1 al 30, pero...
... cuando el número es múltiplo de 3
➡ PIM
Múltiplos de 3 son: 3, 6, 9, 12, 15, 18,
... cuando el número es múltiplo de 5
➡ PUM
Múltiplos de 5 son: 5, 10, 15, 20, ...
*¡CUIDADO! 15 y 30 = PIM PUM
*Si te equivocas, empiezas otra vez.

b **Juntos tenemos 100 años.** Tenéis cinco minutos para buscar a compañeros con los que juntos sumáis 100 años. Cuando el profesor dice "tiempo", nos os podéis mover del grupo que tenéis. El grupo que está más cerca de 100, gana.

¿Cuántos años tenéis?

Juntos tenemos 88 años.

c Ahora completa la nota.

Tenemos _____ años juntos.

LA CARTERA SIEMPRE LLAMA DOS VECES

1 Antes de ver el vídeo…

a ¿Sabes cómo se dice en español el objeto de la izquierda? ¿Y la profesión de la chica?

b Vas a ver un corto que se titula *La cartera siempre llama dos veces*. ¿Qué crees que significa? Mira el corto sin sonido hasta "¿Qué pasa a continuación?" y comprueba.

2 Mira de nuevo el corto, esta vez con sonido, hasta "¿Qué pasa a continuación?" y completa.

H_ _ _ _, ¿_ _ _ _ _ _ _ _?
_ _ _ me _ _ _ _ _ _ _ e_ _ _ _ _ _.
¿_ _ _ _ _ _ _ _ _ _ _ _ _ _ _ _ _ _?

3 Mira el corto con sonido hasta "¿Qué pasa a continuación?" para comprobar tus respuestas.

4 ¿Por qué dice siempre las mismas palabras el protagonista?

- Tiene un problema de memoria
- Es estudiante de español y necesita practicar
- Practica para hablar con la chica

5 ¿Qué pasa después? Escribe con tus compañeros un diálogo y actúa en clase.

6 ¿Qué te parece la reacción de la chica? ¿Crees que en España la gente se saluda así? ¿Qué sabes de los saludos y las despedidas en el mundo hispanohablante?

CULTURA

Dentro del mundo hispanohablante

¿Ke ondas?

1 ¿Ke ondas? Es una forma de saludar en un país de América latina. **Mira** estas imágenes y **adivina** qué país es. **Relaciona** cada palabra con una imagen.

1. Antigua   2. Telas   3. Pirámides   4. Bandera   5. Lago Atitlán

2 **Lee** estas informaciones. ¿Sabes qué país es?

- Hablan más de veinte idiomas.
- Hay cuatro lenguas oficiales: el español, el mayense, el garífuna y el xinca.
- Tiene once volcanes activos.
- Tiene quince millones de habitantes.

3 ¿Y ahora lo sabes? **Escucha** al profesor deletrear el nombre del país y **completa**.

nº 11

G _ _ _ _ _ _ A

4 **Busca** el país en este mapa del mundo hispanohablante y **márcalo**.

5 **Mira** este vídeo https://tinyurl.com/CulturaUnidad1 y **marca** qué cosas aparecen.

Telas   Comida   Música   Aeropuerto   Fiesta

PROYECTO

¿Qué tienes en…?

> En mi mochila tengo unas gafas de sol y una chaqueta de cuero.

> ¿Eres chica o chico?

1 **Imagina** que eres un personaje famoso.

2 **Busca** información en Internet sobre los objetos que siempre lleva en el bolso o en la mochila.

3 **Habla** de los objetos que tienes. Tus compañeros tienen que hacer preguntas para adivinar quién eres.

¡Recuerda y comprueba!

Reflexiona. Utiliza los números de los emoticonos para evaluar tus conocimientos. **Comenta** con tus compañeros.

 1. Lo sé todo, ¡soy genial!

 2. Tengo que estudiar un poco más

 3. Necesito repasar

PUEDO
- ☐ Presentarme, saludar y despedirme
- ☐ Deletrear
- ☐ Preguntar y decir cómo se dice o se escribe algo
- ☐ Expresar existencia *hay* y posesión *tengo*

¡Genial!

CONOZCO
- ☐ El abecedario en español
- ☐ Los números del 1 al 100
- ☐ El nombre de objetos personales y de clase

¡Genial!

COMPRENDO
- ☐ Los pronombres personales
- ☐ El artículo indeterminado
- ☐ Los verbos *ser*, *llamarse* y *tener*
- ☐ Las expresiones con *hay*

¡Genial!

BANCO LÉXICO

0 - cero
1 - uno
2 - dos
3 - tres
4 - cuatro
5 - cinco
6 - seis
7 - siete
8 - ocho
9 - nueve
10 - diez
11 - once
12 - doce
13 - trece
14 - catorce
15 - quince
16 - dieciséis
17 - diecisiete
18 - dieciocho
19 - diecinueve
20 - veinte
21 - veintiuno
22 - veintidós
23 - veintitrés
24 - venticuatro
25 - veinticinco
26 - veintiséis
27 - veintisiete
28 - veintiocho
29 - veintinueve
30 - treinta
31 - treinta y uno
32 - treinta y dos
...
40 - cuarenta
50 - cincuenta
60 - sesenta
70 - setenta
80 - ochenta
90 - noventa
100 - cien

1 **Escribe** los siguientes números. ¡Con números!

Cien: 100

Cincuenta y dos: Sesenta y siete:

Cincuenta: Setenta y seis:

Cuarenta y siete: Trece:

Noventa y nueve: Treinta y uno:

Ochenta y uno: Veintidós:

2 **Completa** la serie de los números con letras.

Dos	Cuatro	Seis	Ocho	*Diez*
Noventa y ocho	Ochenta y nueve	Ochenta	Setenta y uno	
Veintinueve	Veinticinco	Veintiuno	Diecisiete	
Cuarenta	Cuarenta y cuatro	Cuarenta y uno	Cuarenta y cinco	
Noventa y seis	Cuarenta y ocho	Veinticuatro	Doce	

3 En esta galería de arte los cuadros no tienen títulos. **Completa** los títulos y **escribe** las palabras en plural.

Año   Seis   Gato   Treinta y dos   Libro

Cuatro   Estudiante   Dieciséis   Casa   Ochenta

1. _____   2. _____

3. _____   4. _____   5. _____

BANCO LÉXICO

4 **Escribe** un título para cada cuadro.

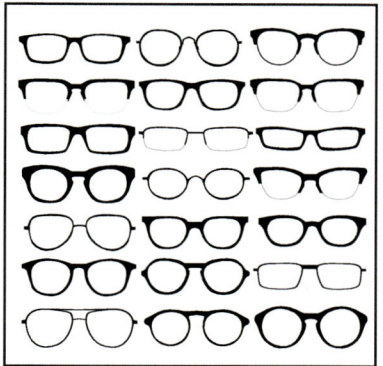 

_____   _____

3 palabras útiles de esta unidad:
1.
2.
3.

5 **Ordena** las letras y **escribe** el nombre de cosas que hay en una mochila.

1. SATEPORPA → ....
2. FASGA → ....
3. RATECAR → ....
4. ORDEDORNA → ....

5. ROSLIB → ....
6. VESLLA → ....
7. MVILÓ → ....
8. TAJETAR → ....

6 **Completa** la tabla con las expresiones para saludar. ¡No necesitas saber decir la hora en español! Lo importante son las expresiones.

Buenas noches   Buenos días   Buenas tardes

 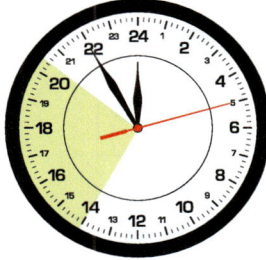 

En español		Buenas tardes	
Horas	de 6:00 a 14:00	de 14:00 a 20:30	de 21:00 a 7:00
En tu lengua			
Horas			

23

unidad 2
De todo el mundo

En esta unidad vamos a aprender a...
- pedir confirmación
- pedir y dar información personal
- rellenar formularios / fichas con datos personales

A ¡Hola! Me llamo **Kilian** y soy **médico**. Soy de **Alemania**. Tengo **37** años.

B ¡Hola! Soy **Marion**. Tengo **32** años y vivo en **Australia**. Soy **camarera**.

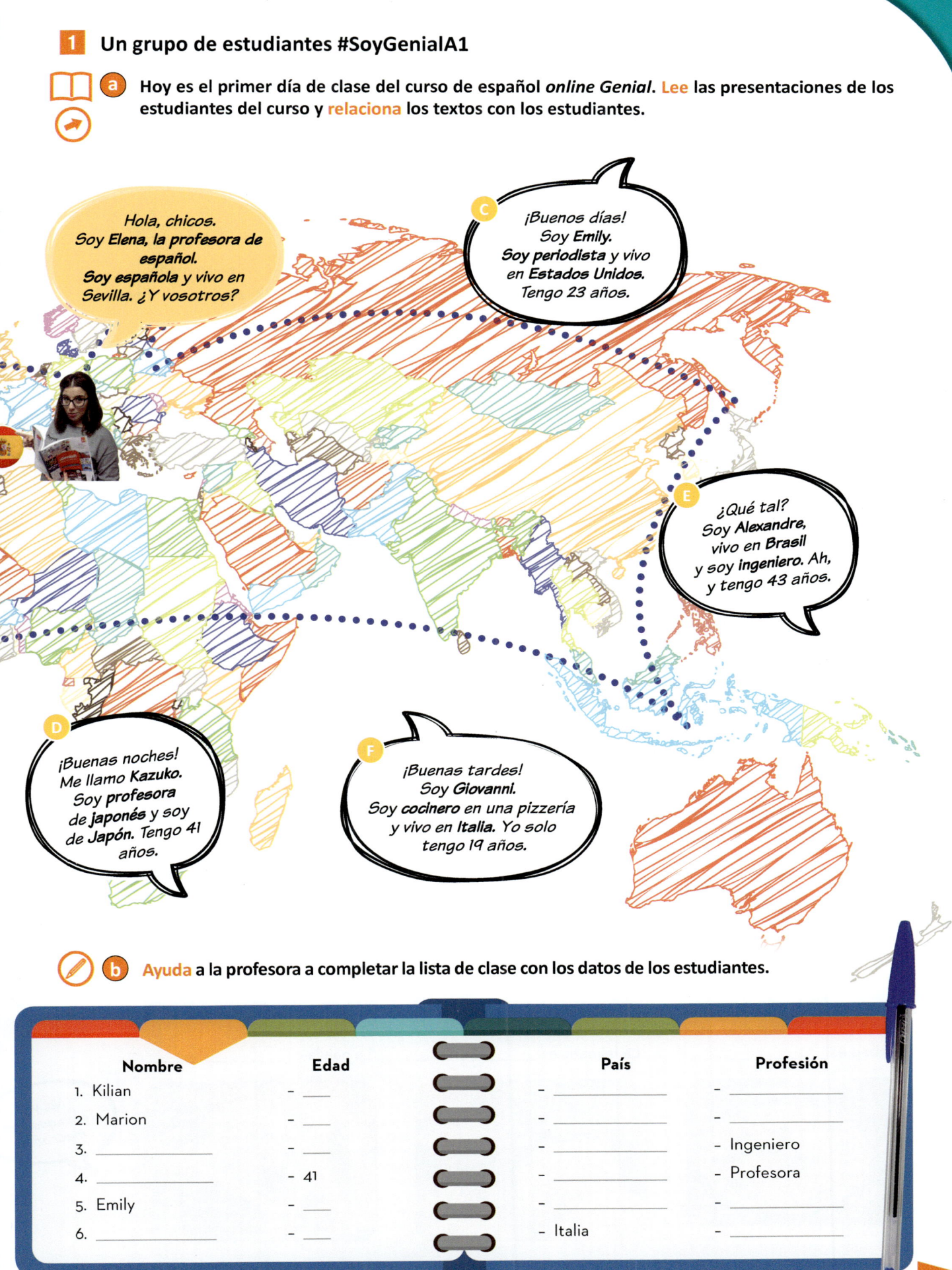

2 Mundo de viajes

a) ¿De dónde son? Escucha la música y completa el test sobre las músicas del mundo de la revista.

nº 12

1. Las milongas son...
   a) iraníes
   b) argentinas
   c) chinas

2. La salsa es...
   a) marroquí
   b) cubana
   c) india

3. Los candombes son...
   a) uruguayos
   b) coreanos
   c) belgas

4. El flamenco es...
   a) filipino
   b) español
   c) estadounidense

5. La cumbia es...
   a) colombiana
   b) alemana
   c) japonesa

G → 1.1 y 3.2

Artículo determinado		
	Masculino	Femenino
Singular	El	La
Plural	Los	Las

Recuerda: el artículo tiene el mismo género y número que el nombre al que acompaña: **El** flamenc**o** / **Las** milong**as**.

b) Completa la tabla.

Las nacionalidades

Son adjetivos que concuerdan con el nombre.

*El tang**o** es argentin**o***

G → 2.1 y 2.2

	Masculino	Femenino	Masculino plural	Femenino plural
-o / a -os/ as	....	brasileñ**a**	brasileñ**os**	brasileñ**as**
-cons. / a -es/ as	alem**án** ingl**és**	.... inglesa	aleman**es**	aleman**as** ingles**as**
-e/ e -a/ a -es/ es -as/ as	canadiens**e** belg**a**	canadiens**e** belg**a**	canadiens**es** belg**as**	canadiens**es** ....
-í / í -íes/ íes	marroqu**í**	marroqu**í**	marroqu**íes**	....

c) ¿Y estas comidas? ¿Sabes de dónde son? Comenta con tu compañero/a y completa el test de comidas de la revista *Mundo de viajes*.

| italiana | austríaco | española | brasileña | turco | mexicanos |

El kebap es _____

La feijoada es _____

La paella es _____

Los tacos son chilenos, ¿no?

El schnitzel es _____

La pasta es _____

Los tacos son _____

No, yo creo que son mexicanos.

unidad 2

 **d** ¿De dónde es el tango? Los alumnos de la clase de español ven un vídeo de tango con su profesora. **Escucha** el diálogo y **completa** la conversación.

Para hablar de las nacionalidades
Ser + nacionalidad
Ser + de + país
La salsa es cubana.
Soy de Turquía.

G → 13.5

— A ver, chicos, ¿de dónde creéis que es el tango?

— Pues yo **creo** que es ....

— ¿Tú **crees** que es de ....? Mmm... no sé, Peter y yo **creemos** que el tango es ....

— Yo también creo que es argentino, pero Sophie **cree** que es de ....

— Bueno, bueno... ¡Qué difícil! Unos **creen** que es de .... , otros que es cubano, otros creen que es .... Pues, en realidad, el tango es ....

 e En la conversación aparecen diferentes formas del verbo *creer*. **Busca** y **completa** la tabla con ellas.

CREER

Yo		Nosotros/as	
Tú		Vosotros/as	cre**éis**
Él, Ella		Ellos, Ellas	cre**en**

 **f** ¡Ahora tú! **Imagina** que eres otra persona con otra nacionalidad. **Dibuja** en la pizarra cosas típicas o representativas de ese país. Tus compañeros preguntan y adivinan de dónde eres.

 Eres francesa, ¿no?

 Sí, soy francesa.

 **g** Con tu grupo, **escribe** un test para la revista *Mundo de viajes* y **pregunta** a tus compañeros. ¿Quién sabe más?

1. ¿De dónde es Messi?
   a. Argentino
   b. Griego
   c. Venezolano

2. ¿De dónde es ....?
   a.
   b.
   c.

3. ¿De dónde es ....?
   a.
   b.
   c.

4. ¿De dónde es ....?
   a.
   b.
   c.

3 Los mil y un idiomas: #Hiperpolíglotas

a ¿En qué países hablan estas lenguas? **Relaciona** los idiomas con sus países.

Idiomas	Países
1. Árabe	a. China
2. Wólof	b. Polonia
3. Griego	c. Francia
4. Turco	d. Rusia
5. Mandarín	e. Turquía
6. Polaco	f. Grecia
7. Francés	g. Egipto
8. Ruso	h. Senegal

b **Lee** los textos y **relaciona** los datos con cada persona.

Las personas generalmente **hablamos** uno, dos, tres o incluso cuatro idiomas. Pero, ¿quiénes son los hiperpolíglotas? Pues son personas que **hablan** más de 10 lenguas. ¡Aquí te presentamos a tres!

Timothy Doner es estadounidense, de Nueva York. Tiene solo 19 años y es hiperpolíglota. **Habla** inglés, ruso, hebreo, wólof, hindi, swahili, persa... y así hasta 23 idiomas de todo el mundo. Y, por supuesto, ¡también habla español! Ahora es famoso y tiene vídeos en Youtube con millones de visitas. ¡Impresionante!, ¿no?

Álvaro Ruíz Morales es un médico colombiano. Tiene 60 años y además del español, su lengua materna, **habla** inglés, francés, alemán, italiano, portugués, griego, polaco, búlgaro, holandés, danés, tibetano, etc.
"Hablo 32 lenguas. Los idiomas son mi pasión. Soy un coleccionista de lenguas."

"Me llamo Giulia Rossi. Soy italiana, de Roma, donde trabajo como periodista. **Hablo** 11 idiomas: alemán, ruso, polaco, chino mandarín...¿Y tú? ¿Cuántos idiomas **hablas**?

a. Habla 23 idiomas
b. Es de Italia
c. Es médico
d. Su lengua materna es el español
e. Vive en Estados Unidos
f. Trabaja en una revista

c **Lee** los textos otra vez y **completa** la tabla del verbo *hablar* con las palabras en negrita.

HABLAR

Yo		Nosotros/as	
Tú		Vosotros/as	habl**áis**
Él, Ella		Ellos, Ellas	

d ¿Y tú? ¿Eres hiperpolíglota? ¿Cuántos idiomas hablas? **Pregunta** a tus compañeros y **busca** al más hiperpolígota de la clase.

unidad 2

4 Profesiones L → 1 y 3

¿Cómo se dicen estas profesiones en tu idioma? **Escríbelas** en tu cuaderno. Después, **comenta** con tu pareja: ¿Conoces a alguien con esta profesión?

> Yo soy estudiante. Mi madre es cocinera y mi amiga Ezgi es profesora.

- Para **preguntar por la profesión:**
  ¿A qué te dedicas?
  ¿En qué trabajas?
- Para hablar de **profesiones:**
  Soy doctora.
- Para hablar del **lugar de trabajo:**
  Trabajo en un hospital.

G → 9

5 ¿Tú o usted? G → 8

a **Reflexiona.** ¿Hablas igual con tu madre que con tus amigos? ¿Hablas igual en el trabajo que en casa? ¿Y con un amigo y un desconocido? ¿Y con un niño y una persona mayor?

b **Lee** las viñetas y **clasifica** las situaciones en formales e informales.

1 *¿Tienes WhatsApp?*

2 *¿Qué tal está hoy?*

3 *¿Cómo estás?*

4 *Aquí tiene la llave.*

c En parejas, **escribe** un diálogo. **Lee** el diálogo con tu compañero/a delante de la clase. El resto de los compañeros tienen que decir si la conversación es formal o informal.

La cortesía

Usamos *tú* o *vosotros* en conversaciones **informales,** con amigos y personas jóvenes.
En conversaciones **formales** usamos *usted* o *ustedes*: con desconocidos, personas mayores, profesores... Cuando usamos *usted* o *ustedes,* necesitamos la **tercera persona** del verbo.

6 **Tandem. Una fiesta de bienvenida** G → 9

Elena, la profesora de español de *Genial* es la organizadora de las tardes de intercambio lingüístico *Mundos de lengua* en una cafetería de Sevilla. Hoy es la fiesta de bienvenida.

a Naresh estudia español y quiere conocer gente y practicar español en *Mundos de lengua*. Para participar, tiene que inscribirse. **Lee** y **completa** el diálogo con las preguntas de la nota.

- Hola, ¿qué tal? Bienvenido a la fiesta de *Mundos de lengua*. **1** _____
- ★ Me llamo Naresh Chakravarti
- ¡Uy! ¡Qué difícil! ¿Cómo se escribe?
- ★ Ce, hache, a, ka, erre, a, uve, a, erre, te, i.
- **2** _____
- ★ Soy de la India, de Mumbai.
- Perfecto. **3** _____
- ★ 23

a. ¿Y cuántos años tienes?
b. ¿Cuántos idiomas hablas?
c. ¿Cómo te llamas?
d. ¿Me das tu correo electrónico?
e. ¿En qué trabajas?
f. ¿De dónde eres?
g. ¿Cuál es tu número de teléfono?

- Vale. **4** _____
- ★ A ver... es el 686 509 782.
- Muy bien. **5** _____
- ★ Sí, naresh92@gmail.com
- **6** _____
- ★ Eeh... no trabajo, soy estudiante.
- Estupendo. Una pregunta más. **7** _____
- ★ Hablo inglés, hindi y español.
- ¡Muy bien! Pues aquí tienes una etiqueta con tu nombre. Entra.

b **Escucha** el diálogo para comprobar las respuestas.
n° 14

c Ahora **escucha** a George y a Charo en la recepción de la fiesta de *Mundos de lengua* y **completa** las fichas.
n° 15

IDENTIFICACIÓN
Nombre: George
Apellido:
Nacionalidad:
Edad: 58
Número de teléfono:
Email:
Profesión:
Idiomas:
Firma:

IDENTIFICACIÓN
Nombre:
Apellido:
Nacionalidad:
Edad: 53
Número de teléfono:
Email: charovivalavida@yahoo.es
Profesión:
Idiomas:
Firma:

7 Nuevos amigos

Mundos de lengua organiza un concurso para los estudiantes del intercambio lingüístico. Todos tienen esta ficha con preguntas. El primero que completa la ficha gana un curso de español.

a Lee las conversaciones de Naresh y completa su ficha.

FIESTA DE BIENVENIDA

Naresh

¿Qué persona tiene algo en común con Naresh?

	Nombre
Vive cerca de su casa:	
Conoce su país:	
Habla su idioma:	
Estudia lo mismo que Naresh:	
Tiene la misma profesión:	

¡Participa en el concurso y gana un curso!

Conversación 1
Naresh: ¿A qué te dedicas, Carlos?
Carlos: Soy estudiante. Estudio Económicas y francés, y tú, ¿estudias o trabajas?
Naresh: Pues yo también estudio Económicas en la universidad. Y, entonces, ¿hablas francés también?
Carlos: Sí. **Vivo** con un chico de París y hablamos siempre en francés. El chico no comprende español... ¿Tú **vives** solo?
Naresh: No, con un amigo. **Vivimos** en un piso en Triana.
Carlos: Yo también vivo en Triana. ¡Qué casualidad!

Conversación 2
Naresh: ¡Alfonso y Alonso!
Alfonso: Sí, somos de la misma ciudad, Valparaíso, en Chile.
Naresh: Y... ¿**Vivís** juntos aquí?
Alonso: Sí, vivimos juntos y trabajamos juntos en una empresa de informática.
Naresh: ¡Vaya! ¡Siempre estáis juntos, entonces! Y ¿los dos habláis inglés?
Alfonso: Alonso sí, pero ¡yo no entiendo nada!

Conversación 3
Charo: ¿Y también hablas hindi?
Naresh: Sí, ¡¡pero aquí no entienden nada!!
Charo: ¡Yo sí hablo hindi! Viajo mucho a India. Es muy bonita.
Naresh: ¿Sí? ¡Qué bien!
Charo: ¿Y en qué trabajas?
Naresh: Yo no trabajo, estudio Económicas.
Charo: ¡Yo soy economista! Trabajo en una oficina.

G → 13.1

b Busca en las conversaciones las formas del verbo *vivir* y completa la tabla. Mira la tabla y compara con los otros verbos. ¿Cuáles son las diferencias?

	Hablar	Creer	Vivir
Yo	habl**o**	cre**o**	
Tú	habl**as**	cre**es**	
Él, Ella, Usted	habl**a**	cre**e**	viv**e**
Nosotros/as	habl**amos**	cre**emos**	
Vosotros/as	habl**áis**	cre**éis**	
Ellos, Ellas, Ustedes	habl**an**	cre**en**	viv**en**

8 En busca del amigo perdido

a En una hoja, completa tu ficha TANDEM como en el modelo, pero... ¡Sin escribir tu nombre!

b Tenemos un problema: ¡las fichas están mezcladas y no tienen nombre! Habla con diferentes personas de la clase y encuentra a la persona de tu ficha. Después, preséntala al resto de la clase.

IDENTIFICACIÓN
Nombre:
Apellido:
Nacionalidad: canadiense
Edad: 21
Profesión: estudiante
Número de teléfono: 660401435
Email: emmanuelle@gmail.com
Idiomas: inglés, francés y español

¡Hola! ¿Qué tal? Yo soy Peter. Encantado

Soy de Nueva Zelanda. ¿Y tú?...

¡Hola, Peter! Yo soy Anja. ¿De dónde eres?

unidad 2

31

9 Con "ñ" de español

María llama al servicio técnico de telefonía porque no funciona Internet y tiene clase en cinco minutos.

a Escucha los fragmentos de la conversación y relaciona. ¿De qué hablan en cada fragmento?

nº 16

1	•	•	Un apellido
2	•	•	Una dirección
3	•	•	Una ciudad
4	•	•	Un nombre

b Vuelve a escuchar los diálogos y escribe las palabras que deletrean.

nº 16

1. _____
2. _____
3. _____

c "ñ" y "n". Escucha las siguientes palabras y completa con ñ o n.

nº 17

1. Espa__ñ__a
2. Ni__a
3. Ca__a
4. Ma__a__a
5. Í__igo
6. Sa__a
7. Monta__a
8. Cumplea__os
9. Canti__a

d Pronuncia estas palabras. Graba y compara tu pronunciación con las muestras de forvo.com.

Española
Panameño
Brasileñas
Caribeños
Salvadoreña
Hondureños

10 ¿Qué dice?

a Escucha y subraya la opción correcta.

nº 18

- ¿Habla español? / Habla español.
- Es chino. / ¿Es chino?
- Vive en Argentina. / ¿Vive en Argentina?
- ¿Es profesora? / Es profesora.

> **La entonación**
> En las preguntas sin pronombre interrogativo la entonación sube al final. *¿Eres francesa?*

b ¿Cuál es la diferencia?

LA VENTANA DISCRETA

A escena

1 Mira la primera parte del corto hasta "¿Qué pasa a continuación?" y contesta a estas preguntas sobre la protagonista:

- ¿Cómo se llama?
- ¿De dónde es?
- ¿A qué se dedica?
- ¿Qué deporte practica?

2 Sobre el chico no sabemos mucho... Imagina.

- ¿De dónde es?
- ¿Cuántos años tiene?
- ¿En qué trabaja?
- ¿Qué lenguas crees que habla?

3 ¿Por qué crees que el chico no responde a las preguntas de su vecina? ¿Qué le pasa?

4 Con tu pareja, escribe una continuación y represéntala en clase. Después, mira el corto hasta el final para comprobar vuestras hipótesis.

5 ¿Por qué no toca la viola la protagonista últimamente?

a. Porque está demasiado triste.
b. Por un problema de su mano.
c. Porque no quiere.

6 ¿Cómo termina esta historia? Escribe con tu pareja, en forma de diálogo, qué pasa después del final del corto. Después represéntalo en clase.

7 En el corto hay muchas preguntas para conocer a una persona. Ahora, en parejas, elegid las mejores cinco preguntas y comparad con los compañeros; ¿quién tiene las mejores preguntas?

CULTURA

Dentro del mundo hispanohablante

Grandes personajes de...

1 ¿Conoces a estos personajes del mundo hispano? **Relaciona** los nombres con las fotos.

a

b

c

d

e

1. Messi
2. Mercedes Sosa
3. Julio Cortázar
4. Eva Perón
5. Ricardo Darín

2 ¿De dónde son? **Escribe** cada etiqueta debajo de cada imagen.

Etiqueta: #tango #mate #fútbol #glacial

1

2

3

4

4 **Mira** el vídeo y **comprueba**.
https://tinyurl.com/CulturaUnidad2

3 **Elige** uno de los personajes de la actividad 1, **busca** información y **haz** una breve presentación a tus compañeros. No puedes decir su nombre, porque los demás tienen que adivinar quién es.

Sabes que...?

En Argentina se utiliza mucho la expresión "che", para llamar la atención de una persona. "¡Che, Malena!"

Facebook
👍 Me gusta

PROYECTO
Un perfil para mi clase

Vamos a escribir en una red social en clase

1 **Imagina** que eres una persona del mundo hispanohablante. **Completa** el perfil de Facebook de esta persona y **preséntalo** a tu clase.

Biografía   Información   Amigos   Fotos   Más

Estado   Foto/video   Acontecimiento importante

Amigos   Publicar

2 **Muévete** por la clase para ver los perfiles de tus compañeros. **Coloca** tu "Me gusta" en el perfil de Facebook que más te gusta.

3 ¿Qué perfil tiene más "Me gusta"? **Mira** los perfiles y **pregunta** a tus compañeros más datos.

¡Recuerda y comprueba!

Reflexiona. Utiliza los números de los emoticonos para evaluar tus conocimientos. **Comenta** con tus compañeros.

1. Lo sé todo, ¡soy genial!

2. Tengo que estudiar un poco más

3. Necesito repasar

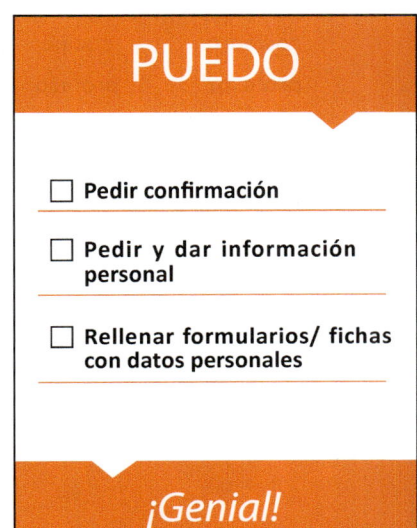

PUEDO
- ☐ Pedir confirmación
- ☐ Pedir y dar información personal
- ☐ Rellenar formularios/ fichas con datos personales

¡Genial!

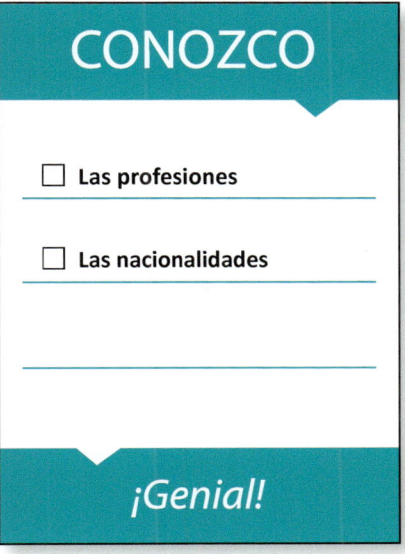

CONOZCO
- ☐ Las profesiones
- ☐ Las nacionalidades

¡Genial!

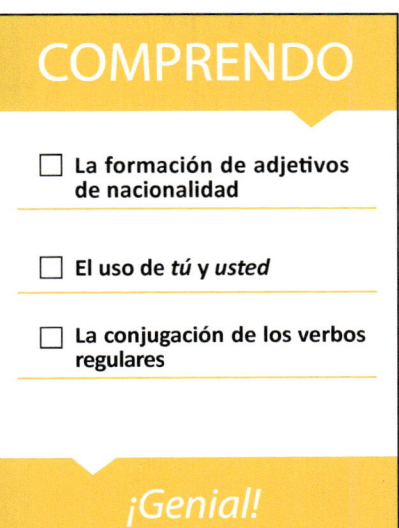

COMPRENDO
- ☐ La formación de adjetivos de nacionalidad
- ☐ El uso de *tú* y *usted*
- ☐ La conjugación de los verbos regulares

¡Genial!

BANCO LÉXICO

1 Escribe el nombre de la profesión debajo de cada imagen.

Enfermero/a	Policía	Artista	Azafato/a	Abogado/a
Deportista	Profesor/a	Camarero/a	Médico/a	Agricultor/a
Albañil	Científico/a	Cantante	Desempleado/a	Actor / Actriz

1 _____ 2 _____

3 _____ 4 _____ 5 _____ 6 _____ 7 _____

8 _____ 9 _____ 10 _____ 11 _____ 12 _____

13 _____ 14 _____

PROFESIONES		
	masculino	femenino
-o / a	cocinero	cocinera
-cons. / a	profesor	profesora
-ista / -ante	periodista / estudiante	
Irregulares	actor	actriz

2 Ahora, escribe tres profesiones que no están aquí y que son interesantes para ti.

BANCO LÉXICO

3 Relaciona las fotos de los estudiantes con sus lugares de trabajo.

1. El restaurante

2. La televisión

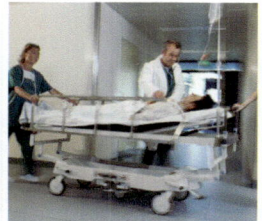
3. El hospital

 a — La camarera
 b — El médico
 c — La periodista

4. El bar de copas

5. La escuela

6. La oficina

 d — La profesora
 e — El ingeniero
 f — El cocinero

4 Busca en Internet y completa el cuadro.

	¿Cómo se llama?	¿De dónde es?
Una científica **europea**	Margarita Salas	española, de Asturias
Un profesor		
Una actriz **de un país vecino**		
Una cantante **sudamericana**		
Un cocinero **de tu país**		
Un periodista		
Un actor **americano**		
Un deportista **asiático**		
Un camarero **de tu barrio**		

5 Relaciona cada frase con una imagen.

1. ¿Postal o correo electrónico?
2. Sí, ¿tienes mi número?
3. Sí, Francisco Regalado Rubio.
4. Creo que tiene 20 años.
5. Es estudiante. ¿Por qué?

a — ¿Sabes cuántos años tiene Juan?

b — Nombre y apellidos, por favor.

c — ¿Te llamo más tarde?

d — ¿A qué se dedica tu hermano?

e — ¿Tienes correo?

3 palabras útiles de esta unidad:
1.
2.
3.

37

unidad 3
Somos diferentes, somos iguales

En esta unidad vamos a aprender a...
- hacer descripciones físicas y de carácter
- hablar de la familia
- rellenar un perfil de una red social

1 Una chica diferente

a ¿Qué significan las palabras de la imagen?

Guapa

Alta

Morena

Inteligente

b Habla con tu pareja. Marca verdadero o falso. Puedes buscar la información en Internet.

	V	F
1. Es cantante.	○	○
2. Habla español.	○	○
3. Es modelo de Desigual, una marca española de ropa.	○	○
4. Tiene 20 años.	○	○
5. Es senegalesa.	○	○
6. Aparece en un vídeo de Sia y Eminen.	○	○
7. Es canadiense.	○	○
8. Se llama Chantelle.	○	○
9. Estudia periodismo.	○	○

Yo creo que es cantante.

No, yo creo que es modelo.

¿Sabes que...?

En español utilizamos normalmente diminutivos para suavizar el aspecto negativo de un adjetivo.

Ana es *gorda* ► Ana es gordita.
Pedro es *feo* ► Pedro es un poco feo.

c El programa de radio *Moda hoy* habla de la chica de la foto.

🎧 n.º 19 **Escucha** su presentación para comprobar la información del apartado b.

2 #SomosDiferentes L → 1

> Yo creo que todos son famosos.

a Mira las fotos de estas personas. ¿Qué crees que tienen en común? Comenta con tus compañeros.

alto y pelo corto
Nombre: ....

barba y rastas
Nombre: ....

bajito y con tatuajes
Nombre: ....

gordita y ojos azules
Nombre: ....

con barba y pelirrojo
Nombre: ....

pelo liso y ojos oscuros
Nombre: ....

calvo y fuerte
Nombre: ....

morena y ojos claros
Nombre: ....

pelo negro y lleva gafas
Nombre: ....

feo y delgado
Nombre: ....

rubio y pelo rizado
Nombre: ....

pelo largo y blanco
Nombre: ....

La concordancia

El adjetivo y el nombre siempre concuerdan:
Sustantivo femenino + adjetivo femenino
La chic**a** rubi**a** = *la* chic**a** es rubi**a**
Sustantivo masculino + adjetivo masculino
El chic**o** moren**o** = *el* chic**o** es moren**o**
El orden normalmente es:
SUSTANTIVO + ADJETIVO
La niñ**a**   moren**a**

G → 1.3

Léxico

Tiene el pelo...
largo   corto
rizado   liso

Es...
alt**o**/**a**   baj**o**/**a**
rubi**o**/**a**   moren**o**/**a**
gord**o**/**a**   delgad**o**/**a**
guap**o**/**a**   fe**o**/**a**

pelirr**ojo**/**a**
atractiv**o**/**a**

Tiene los ojos...
claros   oscuros

Tiene...
tatuajes   rastas
barba   bigote

Lleva gafas

unidad **3**

 **b** Lee este artículo de la sección de moda del periódico español *El País* sobre la famosa agencia Modelos Feos y escribe el nombre de las personas que aparecen en el apartado a) debajo de sus fotos.

Una agencia de modelos feos

"¡Oferta de trabajo! Buscamos gente fea para una importante campaña internacional". Este es el anuncio de Modelos Feos, una agencia de modelos que busca gente diferente. Altos, bajos, gordos, delgados, rubios, morenos, con tatuajes…. Todos son bienvenidos en esta agencia.

Otros "modelos feos" de esta agencia con otros talentos son el pelirrojo **David Harkins**, que además de modelo es poeta o **Inesa de la Roche**, esa chica alta y delgada con el pelo castaño y con gafas que se dedica también a la fotografía y al cine.

Muchos diseñadores famosos trabajan con esta agencia y sus modelos aparecen en revistas internacionales como *Vogue*, *Elle* o *Cosmopolitan*. **Del**, delgadito y bastante feo, trabaja con Calvin Klein y Levi´s. **Georgina Horne** es una chica gordita con mucho éxito como modelo y como bloguera de moda. **Leigh Gill**, un chico bastante bajito y con tatuajes, ahora también es un actor famoso.

Definitivamente, la gente diferente está de moda.

Adaptado de:
http://smoda.elpais.com/articulos/la-agencia-de-modelos-que-solo-admite-feos/4207

> **Adverbios de cantidad**
>
> Muy + adjetivo
> Bastante + adjetivo
> Un poco + adjetivo
>
> *Es muy alta.*
> *Es bastante guapa.*
> *Es un poco fea.*
>
> G → 10

 **c** Después de leer el artículo de *S Moda*, dos amigos miran la página de Internet de la agencia Modelos Feos. Escucha el diálogo y comenta de quién hablan en cada diálogo.
nº 20

> **La negación**
>
> El "no" aparece siempre antes del verbo:
> *No es guapo.*
> *No está gordita.*

d ¿Y tú? ¿Crees que estos modelos son feos o no? Habla con tu compañero/a.

Yo creo que es atractivo.

No, yo creo que es…

Léxico
atractivo/a
feo/a
guapo/a
interesante

 **e** Piensa en uno de los modelos de la agencia. Tus compañeros te hacen preguntas y adivinan quién es.

¿Es rubia? *No.*   *¿Es rubio?* *Sí.*

3 Son mis amigos

a ¿Conoces estas palabras? ¿Cuáles crees que son positivas y cuáles negativas?

POSITIVO

Simpático/a
Antipático/a
Inteligente
Trabajador/a
Alegre
Serio/a
Tímido/a
Sociable

NEGATIVO

Yo creo que es tímido.

b Estos son los amigos de Carlos. ¿Cómo crees que son? Habla con tus compañeros.

 1 Juanjo
 2 Jimena
 3 Graciela
 4 Gabriel

c Escucha a María hablar de los amigos de Carlos y completa la tabla con las características de cada uno.

n° 21

Juanjo	Graciela
Jimena	Gabriel

d Ahora escucha a Carlos hablar de uno de sus cuatro amigos anteriores. Escribe el nombre del amigo.

n° 22

e Vuelve a escuchar el audio y escribe cómo es su amigo por la mañana, por la tarde y por la noche.

n° 22

_____ cambia de carácter por la mañana, por la tarde y por la noche.

Por la mañana

Por la tarde

Por la noche

f ¿Y tú? ¿También eres distinto en diferentes momentos del día? ¿Cómo eres por la mañana, por la tarde y por la noche? Habla con tu compañero/a.

unidad 3

4 Encuentra pareja L → 5

a Alicia tiene una aplicación para buscar pareja. ¿Cón quién crees que es más compatible? **Lee** y **comenta** con tus compañeros.

Alicia, 25
A 3 km de distancia. Activo/a hace 23 min.

Acerca de Alicia
Soy un poco tímida, pero muy alegre.
Me gusta el cine y jugar al tenis.
Busco un chico de 25 a 30 años,
trabajador, alegre y sociable.

Carlos, 27 años.
Tímido y un poco serio, pero muy trabajador.
No me gusta mucho el deporte,
pero me gusta el cine y salir a pasear.
Busco una chica trabajadora y sociable.

Pedro, 22 años.
Soy un chico optimista y sociable. No trabajo,
pero estudio cine y publicidad en la universidad.

Miguel, 26 años.
Alegre y sociable, también muy trabajador.
Busco una chica alegre y simpática
para compartir los fines de semana.

b **Escribe** en tu cuaderno un perfil como el de Alicia con tus características.

c **Dale** el perfil a otro compañero/a. Esa persona tiene que describir y dibujar a la persona ideal para ti.

> **G**
> Sonidos **suaves** con la letra g
> **Ga** - **Ga**to
> **Go** - **Go**l
> **Gu** - A**gu**a
> Las palabras en las que se pronuncia
> la u (güe y güi) se escriben con
> diéresis: bilin**güe**, lin**güi**sta
> Sonidos **fuertes** con la letra g
> **Ge** - Án**ge**l
> **Gi** - Frá**gi**l

5 El hijo de Gerardo se llama Javier

a **Escucha** y **repite** estas palabras. **Observa** el sonido de las letras en negrita.

nº 23

Gimnasia / **Ga**rcía / **Gu**atemala / **Ge**rardo / Ci**güe**ña / Pin**güi**no / **Go**rdita / **Gu**apo / **Ja**vier / **Je**sús / **Ji**mena / Hi**jo** / **Ju**an

b **Escucha** y **escribe** las palabras en la columna correcta.

nº 23

Sonido /g/ como en **Ga**briel	Sonido /x/ como en **Ja**cinta
	Javier

c **Elige** una de estas sílabas y **escríbela** en un papel. **Escucha** el audio y si escuchas tu sonido **levántate**.

nº 24

d **Escucha** este trabalenguas y **repite**. Es un juego de palabras, no tienes que comprender la frase.

nº 25

Había una vieja, virueja, de pico, picotueja, que tenía tres hijos, virijos, de pico, picotijos.

6 Famosos en familia L → 5

a El programa de televisión *Corazón Rosa* presenta a los familiares de estos personajes famosos del mundo hispano. **Mira** las imágenes y **comenta** quién crees que es la persona que está con ellos.

Patricia es la **madre** / **abuela** de Gael García Bernal.

Francois-Henri es el **hermano** / **marido** de Salma Hayek.

William es el **marido** / **padre** de Shakira.

María es la **mujer** / **hermana** de Paco León.

Carlos es el **hermano** / **hijo** de Javier Bardem.

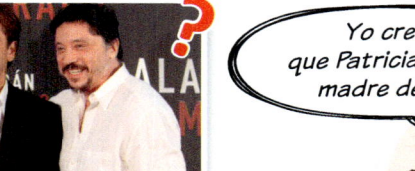

— Yo creo que Patricia es la madre de Gael.
— Sí, es la madre de Gael.

b (nº 26) **Escucha** el programa y **comprueba**.

c **Mira** estas otras imágenes del programa *Corazón Rosa*. ¿Conoces a estas familias famosas del mundo hispano? ¿A qué se dedican? **Relaciona** cada información con una fotografía.

Léxico
Estado civil
Solter**o**/**a**   Casad**o**/**a**
Separad**o**/**a**   Divorciad**o**/**a**

○ Jesús Vázquez y su marido
○ Sofía Vergara, madre soltera
○ Alejandro Sanz, separado
○ Ricky Martin, padre soltero
○ Penélope Cruz y Javier Bardem, padres a los cuarenta
○ Rafa Nadal, en casa con sus padres
○ Maribel Verdú, casada y sin hijos
○ Paz Vega, familia numerosa

1
2
5
6
3
4 (Ricky Martin with children)
7 (Alejandro Sanz)
8

unidad 3

7 Familias del mundo L → 4

Hoy, en el programa de radio *Familias del mundo* hablan de la familia de Aysha.

a Mira estas fotos y comenta con tus compañeros.

> Yo creo que Aysha es la hija de…

> Sí, puede ser.

Kiko y Aysha

Moncho y Aysha

Ernesto y Nitzia

Nitzia y Aysha

Kiko y Ernesto

b Escucha el programa de radio y dibuja el árbol genealógico de Aysha con los nombres de su familia.

nº 27

| Aysha | Kiko | Ernesto | Sandra |

| Nitzia | Moncho | Cachita | Luis |

c Lee este fragmento de la entrevista y completa la tabla de los posesivos con las palabras en negrita. G → 5

> ■ ¿Y **tus** hermanos también viven en Polonia?
>
> ★ Kiko vive en Polonia, pero Moncho, nuestro gato, vive en Valencia. Tenemos una casa en Valencia y vive con **nuestros** vecinos. **Su** casa es muy grande.
>
> ■ ¡Ah! ¡Moncho es **vuestro** gato, no es una persona! Jajaja. ¿Y la familia de tu madre dónde vive?
>
> ★ **Sus** padres, mis abuelos Cachita y Luis, viven en Cuba y **su** hermana, **mi** tía Sandra vive en Florida, en Estados Unidos.

SINGULAR	PLURAL
____ padre / madre	Mis padres / hermanas
Tu padre / madre	____ padres / hermanas
Su vecino/a	____ vecinos/as
Nuestro/a gato/a	_____ gatos/as
_____ hermano/a	Vuestros/as hermanos/as
____ casa / gato	Sus casas / gatos

d Imagina que eres locutor del programa *Familias del mundo*. Entrevista a tu pareja sobre su familia y dibuja su árbol genealógico. Tu pareja después dice si es correcto o no.

> ¿Cuántos hermanos tienes?

> No tengo hermanos, pero tengo dos primos.

Plural

Si en una misma frase tenemos un masculino y un femenino, el plural se forma en masculino.

Mi hermano y mi hermana son mis hermanos.
Mi padre y mi madre son mis padres.
Mi hijo y mi hija son mis hijos.

e Vamos a jugar al mentiroso perfecto. Lleva a clase una foto de tu familia (real o no) y haz una pequeña presentación. Después, tus compañeros te hacen preguntas sobre tu familia y adivinan qué información es mentira.

8 #MiGranBoda

Juan Carlos y Genoveva se casan gracias a Kinder y al amor.

Demostrativos
Este / ta
Ese / sa
Aquel / lla

G → 4

nº 28 **a** Escucha a Juan Carlos hablar de Genoveva y adivina cuál es la foto su boda.

b Sara y Amparo están en la boda de Juan Carlos y Genoveva. Amparo le pregunta a Sara por los miembros de su familia. Lee la conversación y completa la descripción de las personas.

1. Uy, Sara, ¿Quién es **ese** chico tan guapo?
2. ¿Ese chico rubio? Es mi primo Jorge, pero es un poco antipático.
3. ¿Y su novia? ¿Es **esa** chica ___ y ___?
4. Uy, no. Esa es mi prima Gema.
5. La novia es **aquella** chica gordita.
6. ¿Cuál?
7. Aquella chica ___ y un poco ___.
8. ¿Y **este** señor? ¿Quién es?
9. ¡Ups! Es Gustavo, el padre de la novia. Es ___.

c Completa la tabla con las palabras en negrita de los bocadillos.

	SINGULAR			PLURAL		
MASCULINO	___ señor	Ese chico	Aquel chico	Estos señores	Esos chicos	Aquellos chicos
FEMENINO	Esta señora	___ chica	___ chica	Estas señoras	Esas chicas	Aquellas chicas

d Forma un círculo con el resto de la clase. Describe a una persona de la clase, como en el ejemplo. Tu compañero/a, cuando escucha su descripción, dice ¡soy yo!, y entonces él describe a otra persona.

Este chico es moreno y bajito. Lleva gafas y tiene barba.

¡Soy yo!

¡Ups! Es Gustavo, el padre de la novia. Es ___.

VISIÓN IMPOSIBLE

1 Mira las imágenes y relaciona con el vocabulario adecuado para cada persona. ¿Puedes describirlas?

fuerte · gafas · morena · barba · pelo castaño · pelo largo · boca grande · ojos marrones · pelo liso · pelo corto · bigote

- El señor Fernández es / tiene / lleva
- Catacleja es / tiene / lleva

2 ¿Qué relación crees que tienen el señor Fernández y Catacleja? Piensa y comprueba tus hipótesis. Mira el vídeo hasta "¿Qué pasa a continuación?"

3 Mira una vez más el corto y completa la descripción del amante de la mujer del señor Fernández.

Es _____ , es _____ , tiene el pelo _____ y _____ , tiene unos treinta años. Tiene _____ pequeños y _____ grande y lleva _____ .

4 Imagina cómo es el amante de la mujer del señor Fernández y descríbelo a tu compañero/a. Después, tiene que dibujarle.

5 ¿Qué va a pasar después? Con tu pareja, escribe una continuación para el corto y representadlo en clase. Después, mirad el corto y comprobad vuestras hipótesis.

CULTURA

Dentro del mundo hispanohablante

Donde hay amor, hay familia

1 **Mira** este anuncio de galletas. ¿Sabes de qué país es?
https://tinyurl.com/CulturaUnidad3

★ Papi, ¿por qué es que las galletas se llaman familia?

■ Bueno, porque aunque todas son diferentes, siempre están juntas. Como Doña Mari y Don Carlos, que viven con sus perritos.

★ ¡Ah! Como Adrián y José, que viven juntos.

■ Como tu amiga Victoria, que vive con sus papás y su hermanita.

★ ¡Papi! Como nosotros.

■ Sí, mi amor, como nosotros.

2 ¿Ya sabes de qué país hablamos? Aquí tienes algunas pistas. **Relaciona** cada información con una imagen.

1. Volcán Arenal
2. Mapa
3. Bandera
4. Rana calzonuda

 Sabes que...?

En Costa Rica, *"Pura Vida"* significa muy bien. Si escuchas "¿Cómo estás?" Puedes decir *"Pura Vida"*.

3 **Mira** el vídeo y **comprueba**.

4 La familia tradicional, conformada por madre, padre, hijos e hijas, corresponde tan solo al 41,7% del total de las familias costarricenses, según el Instituto Nacional de Estadística y Censos. ¿Y en tu país, cómo son las familias? **Busca** en internet y **escribe**.

PROYECTO

Avatar busca avatar

 1 **Crea** tu avatar del mundo hispanohablante. Para ello, **imagina**:
- cómo es físicamente
- cómo es su carácter
- a qué se dedica
- cómo es su familia

 2 **Piensa** qué busca tu avatar en la página web *Avatar busca Avatar*: puede buscar amigos, compañeros de piso...

 **3** **Escribe** o **graba** en www.voki.com la descripción de tu avatar y lo que busca y **pon** esta información en el muro virtual o físico de la clase.

Soy...

Busco...

 **4** **Mira** los avatares de tus compañeros y **busca** si alguno coincide con lo que buscas.

¡Recuerda y comprueba!

Reflexiona. Utiliza los números de los emoticonos para evaluar tus conocimientos. **Comenta** con tus compañeros.

1. Lo sé todo, ¡soy genial!

2. Tengo que estudiar un poco más

3. Necesito repasar

PUEDO
- ☐ Hacer descripciones físicas y de carácter
- ☐ Hablar de la familia
- ☐ Rellenar un perfil de una red social

¡Genial!

CONOZCO
- ☐ Vocabulario del físico
- ☐ Vocabulario de carácter
- ☐ Vocabulario de la familia

¡Genial!

COMPRENDO
- ☐ Los posesivos
- ☐ Los demostrativos
- ☐ Los diminutivos

¡Genial!

BANCO LÉXICO

1 Observa estos adjetivos para describir y completa la tabla.

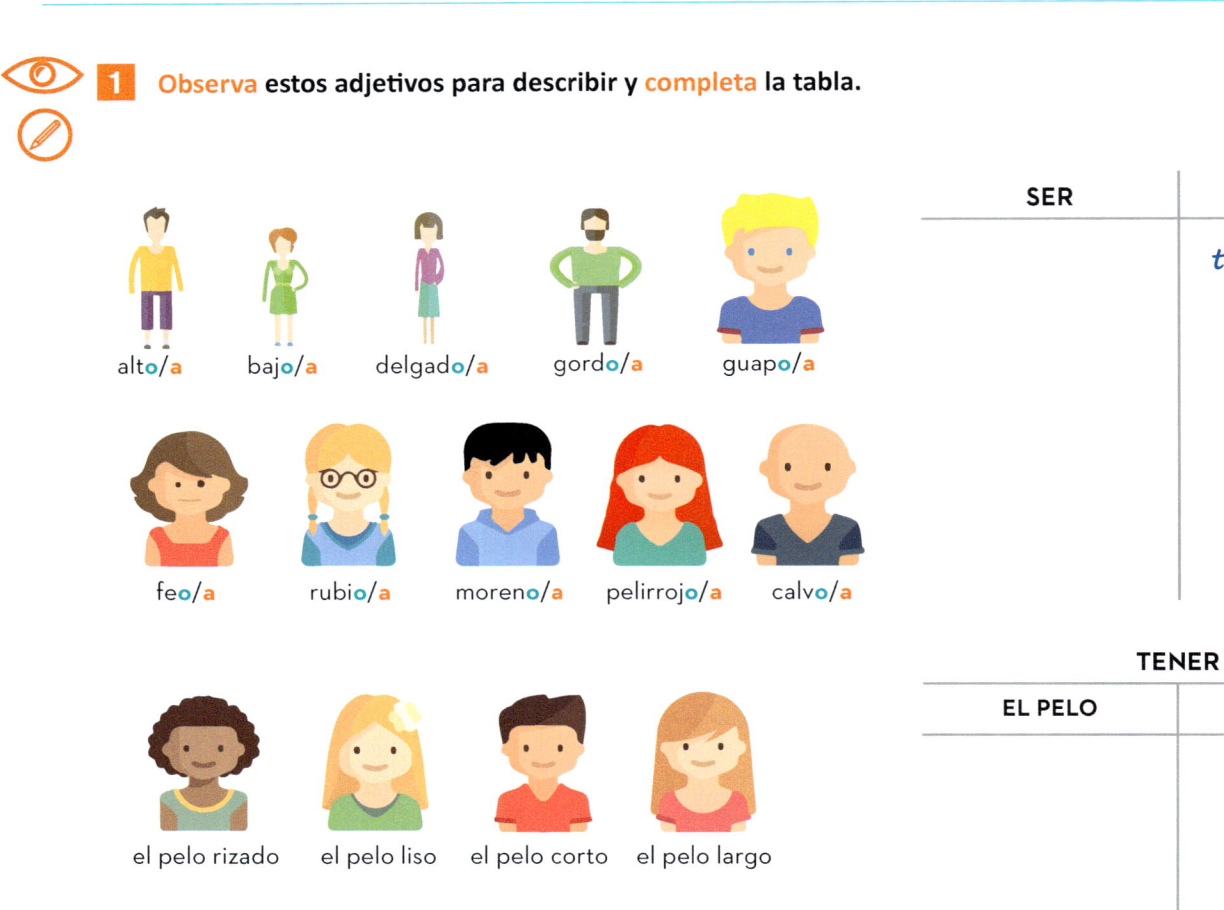

SER	TENER
	tatuajes

TENER	
EL PELO	LOS OJOS

2 Describe a alguien famoso sin decir su nombre, solo puedes decir su profesión. El resto debe adivinar quién es.

Mi amigo es delgado, tiene barba y el pelo corto y moreno.

3 Completa las fichas de estas personas.

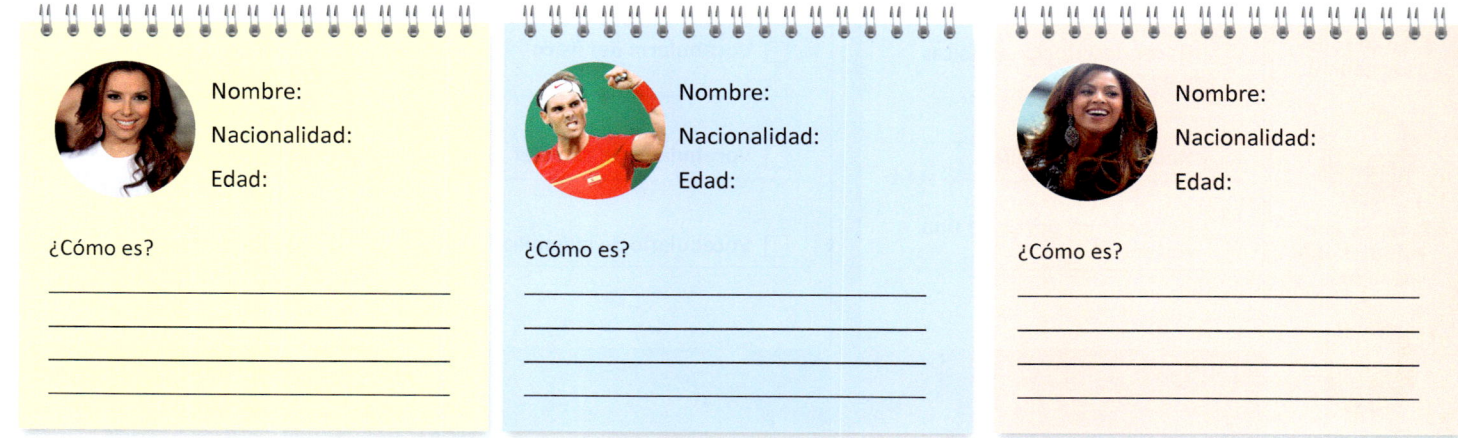

Nombre:
Nacionalidad:
Edad:

¿Cómo es?
_____
_____
_____

Nombre:
Nacionalidad:
Edad:

¿Cómo es?
_____
_____
_____

Nombre:
Nacionalidad:
Edad:

¿Cómo es?
_____
_____
_____

BANCO LÉXICO

4 **Lee** el siguiente texto, **completa** primero los nombres de ellos y después las relaciones de familia.

Rosa es la madre de Miguel y Mariluz. Miguel es el marido de Sandra. Mariluz es la mujer de Jesús. Jesús es el padre de Manuel. Manuel tiene dos primos, Carlos y María. Ellos son los hijos de Sandra y Miguel y son nietos de Rosa y Pedro, Manuel también. Manuel es el sobrino de Miguel. Y Mariluz es la tía de Carlos y María.

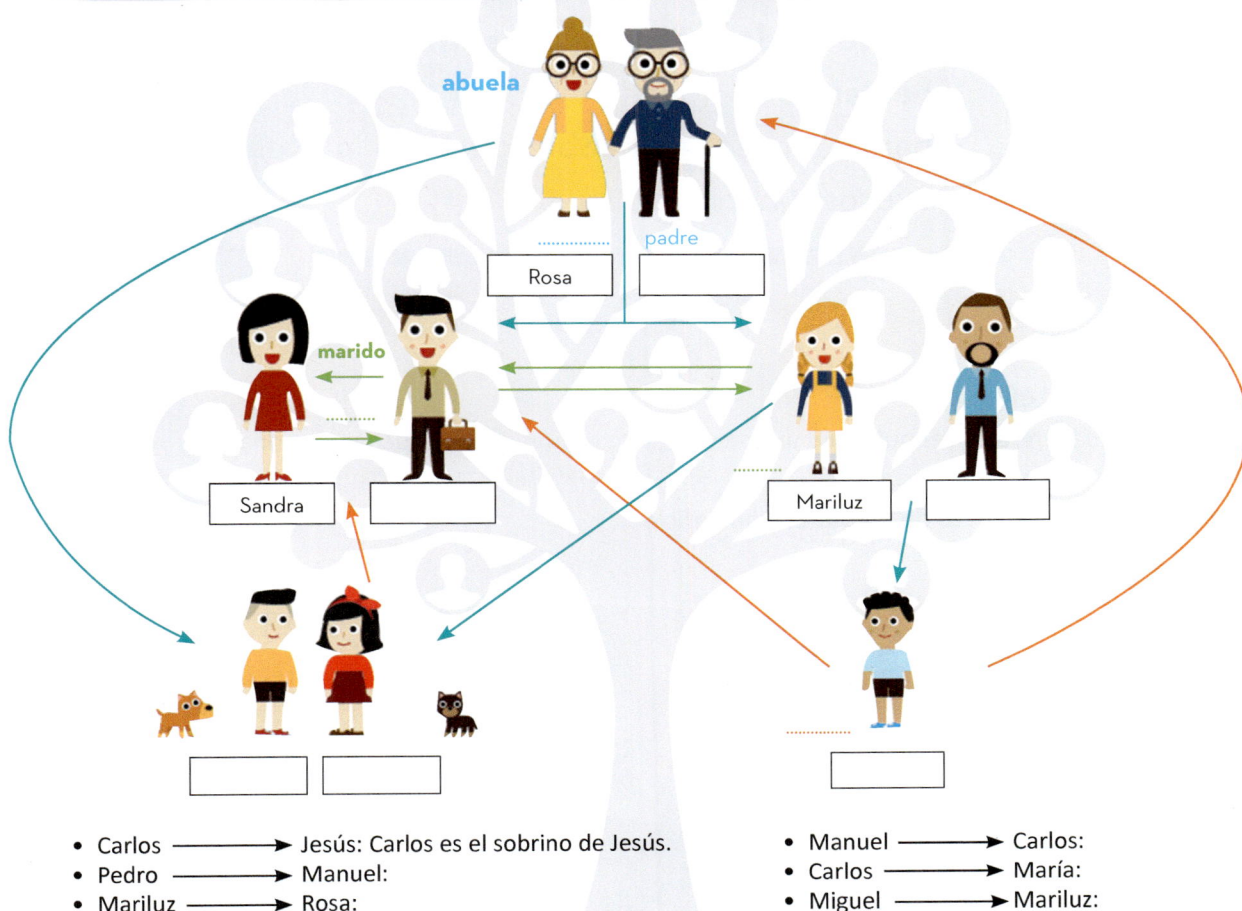

- Carlos ⟶ Jesús: Carlos es el sobrino de Jesús.
- Pedro ⟶ Manuel:
- Mariluz ⟶ Rosa:

- Manuel ⟶ Carlos:
- Carlos ⟶ María:
- Miguel ⟶ Mariluz:

5 **Escribe** la palabra correcta debajo de cada imagen.

Con pareja
Divorciado/a
Soltero/a
Casado/a

1. _____ 2. _____ 3. _____ 4. _____

6 **Mira** la tabla y **escribe** tres frases hablando de personas que conoces.

TENER	ESTAR
pareja	soltero/a
novio/a	casado/a
marido / mujer	divorciado/a

1. *Mi amiga Joan tiene pareja.*
2.
3.
4.

3 palabras útiles de esta unidad:

1.
2.
3.

unidad 4
Somos frikis

En esta unidad vamos a aprender a...
- hablar de aficiones
- hablar y preguntar sobre gustos e intereses
- expresar habilidad

1 Aficiones inteligentes
El blog *¡Qué interesante!* publica una lista de aficiones que tienen muchas personas inteligentes.

a **Escribe** el número de la foto en cada afición.

❏ Jugar a videojuegos
❏ Debatir
❏ Leer libros de diferentes temas
❏ Aprender idiomas
❏ Tocar un instrumento musical

nº 29

b Un experto en aficiones de gente inteligente habla sobre el tema.
Marca con una x las aficiones de las que habla.

☐ Hacer deporte

☐ Pintar

☐ Ver la televisión

☐ Cantar

☐ Leer el periódico

☐ Ir al cine

☐ Bailar

c ¿Y tú? ¿Haces alguna de estas cosas en tu tiempo libre? **Pregunta** a tu pareja qué aficiones tiene.

¿Qué haces en tu tiempo libre?

A mí me gusta leer y tocar la guitarra.

2 #MeGusta

a Escucha la continuación de la entrevista al experto y subraya sus gustos.
nº 30

El jazz

El café

El fútbol

El chocolate

La música clásica

El pop

El cine

Los niños

El flamenco

Los gatos

La música electrónica

El rock

> ### Verbos de valoración
>
> Los verbos **gustar**, **encantar** y otros verbos de valoración se conjugan normalmente en 3.ª persona del singular o plural. El sujeto es lo que valoramos.
>
> *Me gusta el chocolate.*
> Sujeto = el chocolate
>
> *Me gusta**n** los bombones.*
> Sujeto = los bombones
>
> G → 13.4

¿Te gusta el flamenco?

Sí. Me encanta.

b ¿Y a ti? ¿Qué cosas te gustan y qué cosas no te gustan? Habla con tu compañero/a.

Gustar / Encantar	
Me gusta / encanta	
Te gusta / encanta	
Le gusta / encanta	+ nombre singular
Nos gusta / encanta	
Os gusta / encanta	
Les gusta / encanta	

G → 7 y 10

Me gusta / Me interesa	+	bastante, mucho, muchísimo
No me gusta / No me interesa	+	nada
Me gusta muchísimo = me encanta		

3 Mi trabajo es mi afición y mi afición es mi trabajo

a Cristina busca amigos de Facebook que aman su trabajo. **Mira** las respuestas a su pregunta y **relaciona** el comentario con la foto de perfil.

Para hablar de aficiones

Me gusta + infinitivo
Me gusta viajar.

Me encanta + infinitivo
Me encanta bailar.

G → 13.4

b En el programa de radio *Día a día*, hoy hablan de la relación entre *hobby* y trabajo. **Lee** el texto y **responde** a las preguntas.

Muchas personas piensan que es imposible. Trabajo y afición son cosas diferentes. El trabajo es una obligación y el *hobby* es para el tiempo libre. Ellos piensan que cuando tu *hobby* es tu trabajo, ya no es tu *hobby*.

Otros creen que ocio y trabajo pueden ser lo mismo. No mucha gente tiene esa suerte. Pocas personas piensan que su trabajo es su *hobby*, personas a las que les encanta su trabajo.

¿Y tú? ¿Qué crees? ¿Crees que *hobby* y trabajo pueden ser lo mismo?

> Yo creo que hobby y profesión son cosas diferentes. Yo estudio medicina, pero en mi tiempo libre me gusta escribir poesía. Son cosas distintas.

> A mí me gusta mi trabajo. Creo que es importante, el trabajo ocupa mucho tiempo de tu vida.

> Pues yo quiero ser ingeniero, pero me gusta el deporte. Una cosa es el trabajo y otra es el tiempo libre.

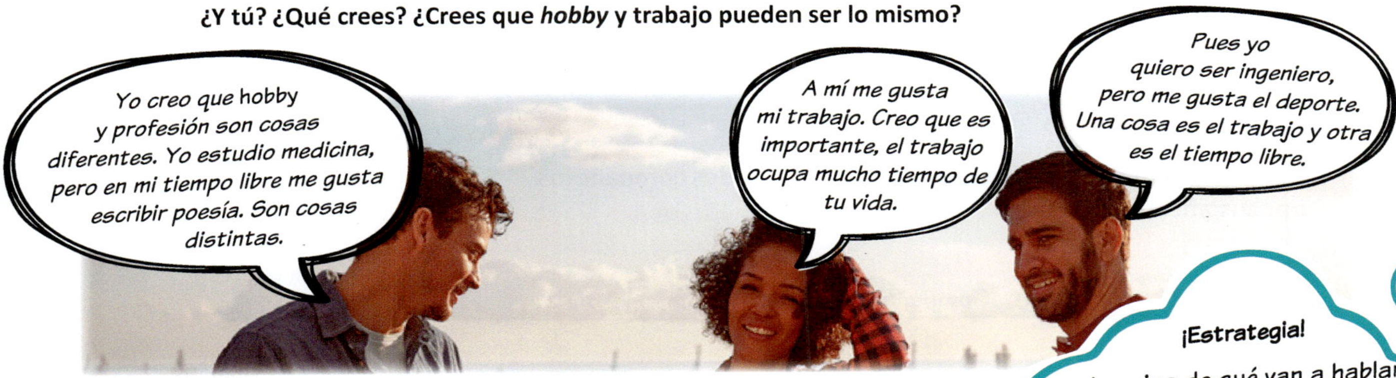

c **Escucha** el reportaje del programa *Día a día* y **señala** qué personas de la actividad 3.a. llaman al programa.

nº 31

Jesús   Sacha   Elena   Rocío   Alfonso   José

¡Estrategia!
Imagina de qué van a hablar las personas antes de escuchar el audio. Para ello, ayúdate de la información que ya tienes: imágenes y texto.

4 ¿A qué dedican el tiempo libre?

A estas personas también les encanta su trabajo, pero hacen cosas diferentes en su tiempo libre. La revista *Gente famosa* publica un artículo sobre lo que hacen los famosos en su tiempo libre.

 **a** Completa estos textos con los nombres de los famosos.

> **Expresar cantidad**
>
> **Mucho** funciona como adverbio y expresa cantidad.
> *Me gusta mucho.*
>
> **Muchos** + **sustantivo plural** se usa con sustantivos contables.
> *Tiene muchos amigos.*
>
> G → 7

El actor español _____ es un apasionado de las motos desde pequeño. En su cuenta de Instagram dice: "Vivo para rodar (haciendo referencia a las motos) y ruedo para vivir".

La actriz cubano-española dice, que como vive en la playa, pasear con su perrito Elvis y caminar son sus aficiones favoritas. También le gusta mucho viajar. _____ cree que la costa de California, donde ella vive, es un lugar para descubrir.

A otros famosos les gusta escribir. A _____, por ejemplo, le encantan los cómics. Este famoso actor lee muchos y ahora también escribe, como el cómic sobre la famosa película en la que él es el protagonista: "Torrente".

A la famosa cantante colombiana _____ le encanta cantar, su trabajo, pero también le gusta mucho patinar en su tiempo libre. Patina con sus amigos y, ahora, también con su familia en Barcelona.

Otro cantante con una afición muy artística es _____. Él, en su tiempo libre, pinta para relajarse. Le encanta pintar y escuchar música. Ahora, incluso, expone en galerías de arte su obra artística.

Shakira

Alejandro Sanz

Santiago Segura

Ana de Armas

Miguel Herrán

 **b** Escucha y comprueba.
nº 32

5 ¿A ti qué te gusta? L → 1

Completa la tabla con tus aficiones y pregunta a dos compañeros por sus aficiones.

Tú	Compañero/a 1	Compañero/a 2
Me gusta muchísimo		
Me gusta mucho		
Me gusta		
No me gusta		
No me gusta nada		

> **Contrastar gustos**
>
> A mí me gusta   +
> A mí también   +
> A mí no   −
>
> A mí no me gusta   −
> A mí tampoco   −
> A mí sí   +
>
> G → 13.4

6 #AficionesCuriosas L → 2

a **Lee** los textos del blog *Cosas curiosas* y **escribe** debajo de cada foto las palabras escritas en negrita. Después **comenta** con tus compañeros qué aficiones prefieres.

Cosas curiosas

¿Cuáles son tus aficiones? ¿Te gusta jugar con la consola? ¿O prefieres ver series? ¿Te encantan las manualidades? ¿Te gusta tejer? ¿O prefieres hacer cosas más activas? ¿Coleccionas cosas raras? ¿Piensas que eres distinto porque te gusta hacer cosas diferentes en tu tiempo de ocio? Mira estos *hobbies* raros y piensa si realmente eres raro o no.

¿Te gusta tocar un instrumento musical? ¿Y no tocar ningún instrumento musical? A algunas personas les encanta tocar sin instrumento en su tiempo libre. Una vez al año, en Finlandia, hay un **campeonato de *Air Guitar***, guitarristas que tocan una guitarra invisible.

¿Te gusta cantar? ¿Y cantar bajo el agua? Pues este es el *hobby* que tienen las personas que participan en el **Festival de Música Acuática de Florida** todos los años.

A mucha gente le gusta bucear, pero normalmente le gusta bucear en aguas limpias. Sin embargo, en Escocia hay gente a la que le encanta **bucear** en aguas menos limpias.

A todo el mundo le gusta comer, pero, ¿ver cómo otra persona come? En Corea, bastantes jóvenes se conectan a Internet para ver a su estrella de Mukbang favorito. **Mukbang** es una afición coreana que consiste en sentarse a comer delante del ordenador y compartir la comida con cientos de personas.

1

2

3

4

b ¿Conoces otras aficiones raras? **Escribe** un texto con tu pareja sobre una afición rara y **dibuja** o **pega** una foto de esa afición.

7 Gente muy habilidosa

a ¿Sabes qué es un banco de tiempo? **Comenta** con tus compañeros.

b **Lee** el texto y **comprueba** tu respuesta.

> En un banco de tiempo la gente intercambia servicios sin utilizar dinero. Por ejemplo, si sabes español, puedes dar clases a alguien y si otro socio sabe tocar la guitarra, puede enseñarte a ti. Es un sistema de intercambio de servicios donde los socios pagan con su tiempo.

Expresar habilidad
Saber + infinitivo
Sé tocar tres instrumentos musicales.
Sé hablar español.

G → 13.10

¿Qué servicios piensas que se pueden intercambiar en un banco de tiempo?

c Estas personas participan en el banco de tiempo *Hoy por ti, mañana por mí*. **Subraya** las actividades que sabe hacer cada uno. ¿Quiénes crees que pueden ayudarse e intercambiar sus conocimientos?

 Hola, me llamo John y soy estadounidense. Sé inglés y chino. Puedo dar clases de idiomas y traducir textos de chino a inglés. Busco a alguien con conocimientos de informática, porque mi ordenador está roto. ¿Puedes ayudarme?

 Hola. Me llamo Celine. Me gustan los niños y puedo cuidar niños. También puedo dar clases de cocina o prepararte la comida, porque me encanta cocinar. A cambio, necesito un músico para tocar en la boda de mi hermana. ¡Gracias!

 ¡Hola! Soy Ryu, de Tokio. Necesito mejorar mi español y a cambio puedo ayudar con reparaciones de la casa o pasear perros. ¡Me encantan! ¿Te interesa?

 Hola, soy Julián. Soy informático y sé arreglar ordenadores. Necesito clases de inglés porque quiero viajar a Estados Unidos y hacer la Ruta 66. ¡Muchas gracias!

 Buenas tardes. Me llamo Luis. Soy peluquero, corto el pelo y también sé maquillar. Además, sé tocar tres instrumentos musicales: el violín, el piano y la flauta. Necesito a alguien para cuidar a mis hijos por las tardes. ¿Alguien interesado?

 Hola, soy Agne. Tengo tres perros, pero no tengo tiempo para pasearlos. Soy fisioterapeuta y sé hablar español. Puedo dar clases de español y también dar masajes. ¡Hasta pronto!

d  n° 33 En el documental *Otro mundo es posible* entrevistan a tres socios del banco de tiempo. **Escucha** y **contesta** a las siguientes preguntas. ¿Qué servicios ofrece? ¿Qué servicios recibe?

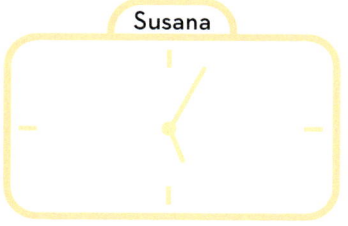 Susana

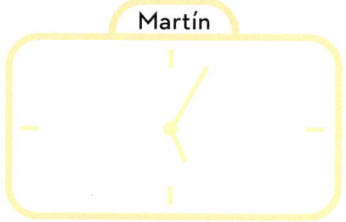 Martín

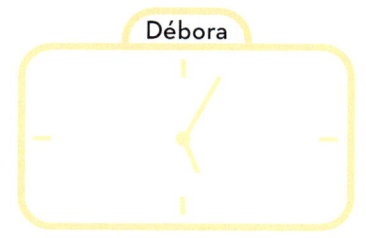 Débora

e **Comenta** con tus compañeros qué servicios de la actividad anterior te interesan. ¿Por qué?

> A mí me interesa el servicio de Agne, porque necesito traducir un texto del inglés al español y no sé escribir en español. ¿Y a ti?

> Pues a mí me interesa el servicio de Julián, porque mi ordenador está roto y no sé arreglar ordenadores.

Porque y por qué
¿**Por qué**...?: para preguntar la causa.
¿Por qué te interesan los servicios de Susana?
Porque: para responder o explicar la causa.
Porque quiero aprender a bailar flamenco.

G → 12.2

unidad 4

8 Voluntarios viajeros

LA ONG GENIAL BUSCA VOLUNTARIOS PARA SUS PROYECTOS DE VOLUNTARIADO INTERNACIONAL EN DIFERENTES PAÍSES DE AMÉRICA LATINA.

a Lee las ofertas y elige en qué proyecto quieres colaborar.

Tipo de voluntariado: Cuidado medioambiental
Lugar: Chiclayo, Perú
Tarea: Limpiar las playas de la zona de Chiclayo con un grupo de voluntarios
Duración: 15 días

Tipo de voluntariado: Comedor social
Lugar: Medellín, Colombia
Tarea: Preparar y servir a los usuarios del comedor social "La Esperanza"
Duración: 1 mes

Tipo de voluntariado: Ocio y tiempo libre con niños
Lugar: Quetzaltenango, Guatemala
Tarea: Participar como monitor de un grupo de niños en el campamento "Aldea Verde"
Duración: 3 semanas

Tipo de voluntariado: Personas mayores
Lugar: Buenos Aires, Argentina
Tarea: Acompañar a personas mayores del centro de día "Juventud eterna"
Duración: 2 meses

b Para solicitar el voluntariado completa la siguiente ficha.

Datos personales del solicitante

Nombre _____ Edad _____
Profesión _____
Ciudad de residencia _____

¿Cuáles son tus habilidades? _____
¿Cuáles son tus intereses y aficiones? _____
Quieres hacer el voluntariado en:
☐ Medioambiente   ☐ Personas mayores
☐ Enseñanza   ☐ Personas sin hogar

c Necesitamos encontrar un voluntario perfecto para cada oferta de voluntariado. Preséntate a la clase con la información de la ficha. Entre todos, decidid quién es el candidato perfecto para cada oferta de voluntariado.

> Me llamo Celine y vivo en París. Quiero hacer voluntariado en medioambiente, porque me interesa mucho la naturaleza y me gusta la playa. Además, sé hablar francés porque es mi lengua materna y puedo dar clases de francés a otros voluntarios.

¡Estrategia!
Prepara una lista de las cosas que vas a decir antes de hacer la presentación.

9 Le gusta, le encanta

Marta, una de las voluntarias de la ONG Genial, habla con una amiga sobre su experiencia en Guatemala.

a Escucha la conversación y señala la opción correcta.
nº 34

1. A Marta le encanta....
   ❏ leer poemas
   ❏ ver películas
   ❏ dibujar cómics

2. A Marta no le gusta nada....
   ❏ hablar por teléfono
   ❏ el trabajo en la ONG
   ❏ su casa nueva

3. A Marta le gusta bastante...
   ❏ hacer fotos
   ❏ enseñar inglés a los jóvenes
   ❏ pescar en el río

b Clasifica en cada columna las palabras de dos, tres y cuatro sílabas de la lista, como en el ejemplo.

películas dibujar
fotos enseñar
jóvenes pescar
teléfono cómic
trabajo casa

Dos sílabas	Tres sílabas	Cuatro sílabas
cine (**ci**-ne)	música (**mú**-si-ca)	peluquero (pe-lu-**que**-ro)

c Escucha las palabras anteriores y repítelas. Observa el sonido de las letras en negrita, que pronunciamos más fuerte.
nº 35

d Escucha de nuevo las palabras y clasifícalas según su sílaba fuerte.
nº 35

..●	.●.	●..

> **Las sílabas**
>
> En Español, todas las palabras se dividen en sílabas.
>
> or-de-na-dor (4 sílabas)
> sí-la-ba (3 sílabas)
> ma-dre (2 sílabas)
> sol (1 sílaba)
>
> Todas las palabras tienen una sílaba fuerte, que es el grupo de letras pronunciado con más fuerza.
>
> *Ejemplo:* pe**lí**cula

e Uno de los poemas favoritos de Marta es *El poema del no*, de la escritora Gloria Fuertes. Escucha el poema y marca la sílaba fuerte de las palabras en negrita.
nº 36

f Lee en voz alta y da una palmada en cada sílaba fuerte.

g En grupos, escribid un poema como el de Gloria Fuertes. Después, cada grupo lo lee a la clase.

Poema del NO

No a la **tristeza**
No al **dolor**
No a la **pereza**
[...]
No a la **envidia**
No a la **incultura**

No a la **violencia**
No a la **injusticia**
No a la **guerra**
Sí a la **paz**
Sí a la **alegría**
Sí a la **amistad**

Gloria Fuertes

LA COCINA DEL PÁNICO

A escena

1 ¿Te gusta el cine? ¿Qué tipo de cine te gusta? **Relaciona** las palabras con las imágenes y **marca** el nombre de tu género favorito.

- películas de terror
- dramas
- películas de aventuras
- películas de ciencia ficción
- películas de acción
- comedias románticas

a b c
d e f

2 **Pregunta** a tu pareja. ¿Qué tipo de cine le gusta?

3 **Mira** la primera parte del corto hasta "¿Qué pasa a continuación?" y **completa**.

A él le gusta...  A ella le gusta...

4 Ahora **responde** a las preguntas:

¿Qué relación tienen los personajes? ¿Por qué se conocen?
¿Qué hacen los personajes mientras hablan?
¿Qué crees que hacen después?

5 **Escribe** con tus compañeros un diálogo con lo que crees que pasa después. **Actúa** en clase.

6 **Mira** la segunda parte del corto y **comprueba** tus hipótesis. ¿Crees que a ella le gustan ahora las comedias románticas? ¿Crees que a él ahora le gustan las películas de terror?

61

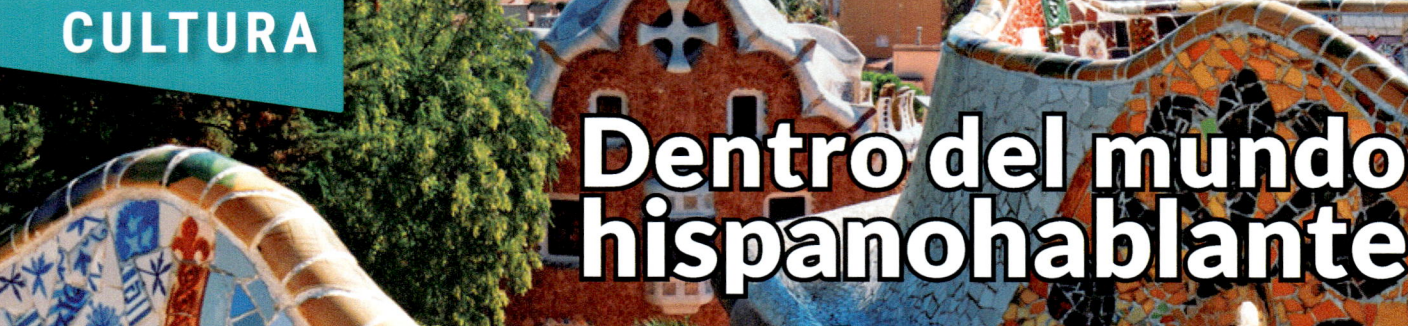

CULTURA

Dentro del mundo hispanohablante

Un mundo de aficiones

1 **Mira** este gráfico sobre las aficiones de la gente de un país del mundo hispano. **Adivina** qué país es. ¿Qué opinas?

Actividad	%
Ir a dar una vuelta, un paseo	71,3
Ver la televisión	70,0
Leer libros, revistas, cómics	47,5
Escuchar música	46,6
Navegar por Internet	42,6
Ir al cine o al teatro	37,0
Oír la radio	36,4
Salir al campo, ir de excursión	36,0
Ir a bares y discotecas	29,3
Ir de compras	22,8
Hacer trabajos manuales	16,9
Jugar a algo	16,2
Estudiar	14,7
Acudir a un concierto o musical	13,6
Acudir a un esp. deportivo	11,3
Ir a alguna asociación o club	10,7
N.C.	1,2

2 Aquí tienes algunas pistas sobre ese país. **Relaciona** cada información con una imagen.

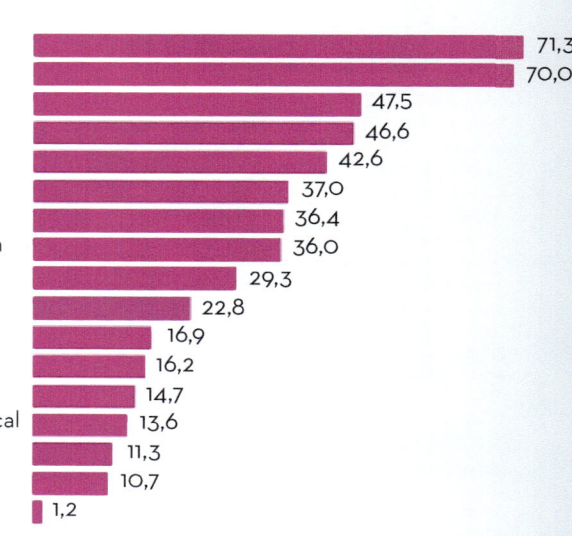

1. El mapa
2. La Alhambra
3. La gaita
4. El abanico
5. Las tapas

3 **Mira** el vídeo https://tinyurl.com/CulturaUnidad4 y **comprueba**.

4 ¿Qué más conoces de este país? ¿Te gusta?

Sabes que...?

"*Guay*" en España se usa cuando hablamos de algo muy bueno, que nos gusta mucho.

¡Cámara y acción!

PROYECTO

 1 ¿Crees que podemos conocer a una persona por su aspecto físico y por la música que escucha? Esta es la directora de cine Isabel Coixet. **Escucha** una de sus canciones favoritas.
bit.ly/micanciónfavorita

 3 **Mira** el vídeo de su autorretrato y **comprueba**. ¿Quién ha conseguido cantar línea? ¿Y bingo?

bit.ly/MegustaA1

4 ¿Qué cosas o actividades te gustan y cuáles no te gustan nada? **Escribe** en un papel cuatro cosas que te gustan y cuatro que no te gustan. **Entrega** el papel a tu profesor. Después, **lee** en voz alta el papel que te da tu profesor y **adivina** de qué persona es.

Yo creo que este papel es de Paula, porque le encanta el cine.

No, es mío.

 2 **Mira** las imágenes del cartón de bingo y **señala** las cosas que crees que le gustan ☺ a Isabel Coixet y las que no le gustan ☹.

El vino rosado	Los ángeles	París
El queso	Islandia	Las farmacias
Leer	Alien	La mermelada de tomate
El regaliz	Los móviles	Los vestuarios de los gimnasios

A Isabel Coixet le gusta/n...
A Isabel Coixet no le gusta/n...

 5 En grupos de cuatro, **grabad** un vídeo como el de Isabel Coixet con las cosas que os gustan y las cosas que no os gustan.

¡Recuerda y comprueba!

Reflexiona. Utiliza los números de los emoticonos para evaluar tus conocimientos. **Comenta** con tus compañeros.

1. Lo sé todo, ¡soy genial!

2. Tengo que estudiar un poco más

3. Necesito repasar

PUEDO
- ☐ Hablar de aficiones
- ☐ Hablar y preguntar sobre gustos e intereses
- ☐ Expresar habilidad

¡Genial!

CONOZCO
- ☐ Vocabulario de aficiones
- ☐ Adverbios de cantidad

¡Genial!

COMPRENDO
- ☐ Los verbos *gustar* y *encantar*
- ☐ El verbo *saber*
- ☐ La diferencia entre *mucho* y *muchos*

¡Genial!

BANCO LÉXICO

1 **Completa** los mapas mentales con las siguientes palabras.

La comida · La consola · El violín · La guitarra · El periódico · Deporte · La radio · La compra · El fútbol · Una película · Música · Un libro · La televisión · Una revista · Fotos · Una serie · Un instrumento

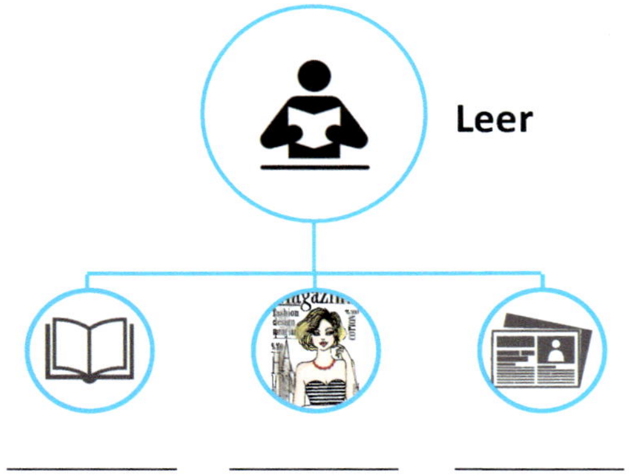

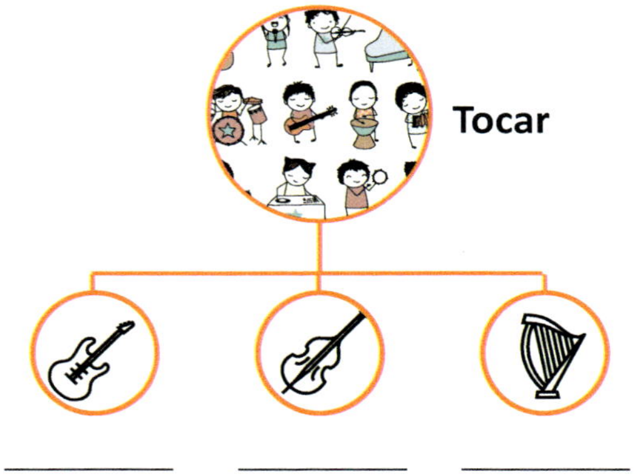

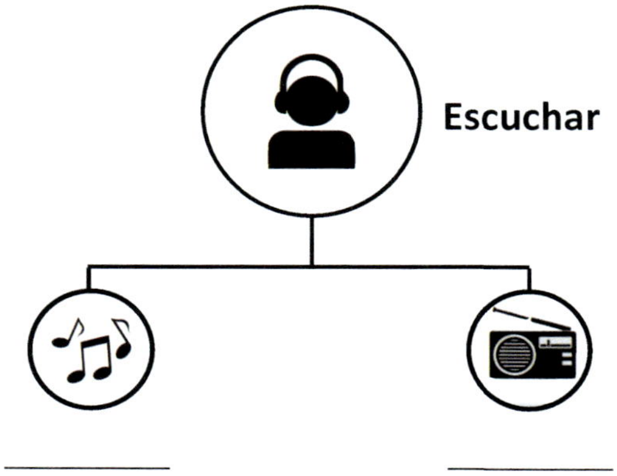

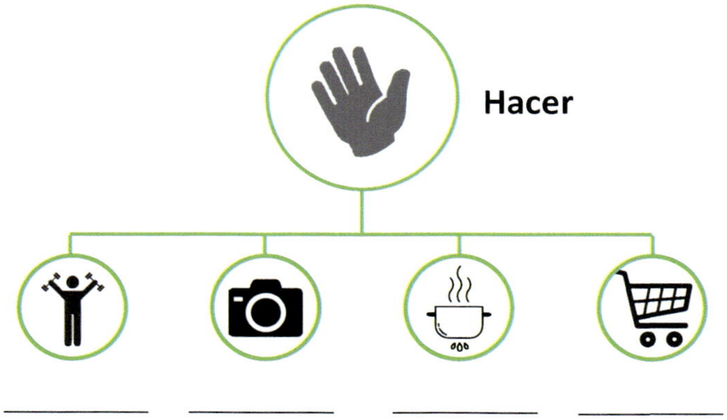

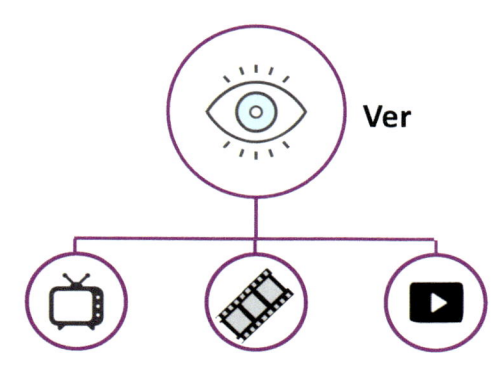

BANCO LÉXICO

2 ¿*Ir a* o *ir de*? **Completa** los mapas mentales con las siguientes palabras.

| Excursión | Compras | Un concierto | Correr | Un museo / Una exposición |

| Fiesta | El cine | Viaje | La piscina | Pesca |

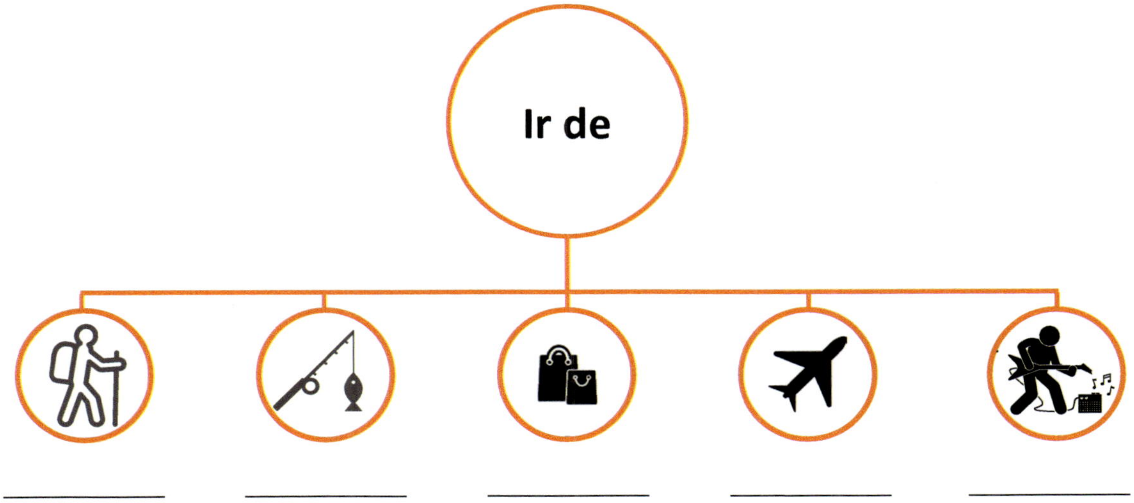

Ir de

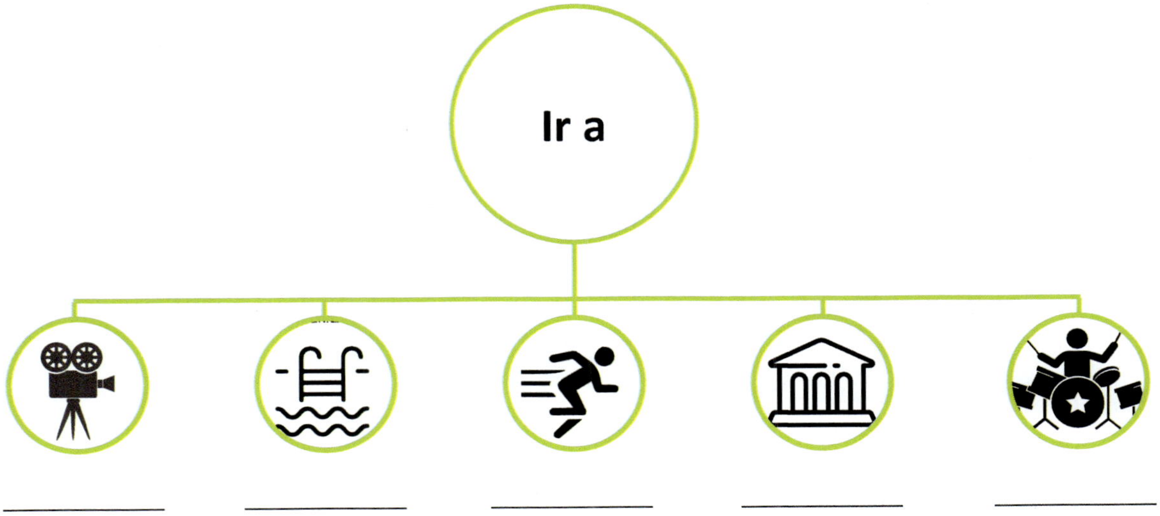

_____ _____ _____ _____ _____

Ir a

_____ _____ _____ _____ _____

 3 **Piensa** en dos personas que conoces y **escribe** qué les gusta hacer en su tiempo libre.

Nombre	Actividades

3 palabras útiles de esta unidad:
1.
2.
3.

65

unidad 5
Un barrio genial

En esta unidad vamos a aprender a...
- describir nuestro barrio
- situar y localizar algo
- pedir o dar información para ir a lugares
- hablar de la casa y sus partes

1 Un barrio genial

 **a** Un blog de viajes publica una lista de barrios de moda en el mundo hispanohablante. ¿Cuál te gusta más para vivir? ¿Cuál te gusta más para visitar?

Coyoacán está en Ciudad de México y es un barrio con mucho encanto. Es un lugar tradicional y auténtico donde podemos relajarnos con un café y disfrutar de la cultura: hay muchos centros culturales para escuchar música, ver exposiciones, teatros, charlas de literatura. Es muy interesante ver la casa-museo de Frida Kahlo.

En Bogotá está la Candelaria, el centro histórico y turístico de la ciudad. Es un barrio muy bueno para hacer turismo porque allí está la Plaza de Bolívar o la Catedral Primada y muchos otros lugares de interés turístico, además de museos.

> Para vivir me gusta más Lavapiés, porque me encanta Madrid y para visitar me gusta más Bellavista.

Palermo es el lugar más cool de Buenos Aires, especialmente su zona Palermo Soho. Es un poco caro porque está de moda, pero hay muchos restaurantes alternativos muy buenos. También hay muchos bares y lugares para beber al aire libre. En Palermo puedes encontrar pequeñas tiendas interesantes, de artistas, diseño, librerías y antigüedades.

En el distrito de San Miguel, en Lima, Perú, encontramos dos de los centros comerciales más grandes de Lima, el Jockey Plaza y Plaza San Miguel. En estos grandes centros comerciales hay una gran selección de tiendas de las marcas más famosas, además de cafeterías, restaurantes y cines.

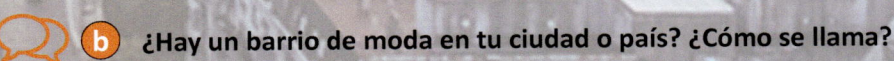

Lavapiés es un barrio céntrico y típico de Madrid. No es un barrio lujoso, pero es muy atractivo por su población multicultural y sus restaurantes de comida de todo el mundo. De día y de noche, hay muchos visitantes que vienen a disfrutar de su ritmo especial.

En Miami hay un barrio que se llama Bal Harbour. Es como San Miguel

b ¿Hay un barrio de moda en tu ciudad o país? ¿Cómo se llama?

c Ahora *escucha* las siguientes conversaciones: ¿De qué barrio están hablando?

nº 37

A

B

C

2 Dos Barrios

Juan quiere vivir en la ciudad de Dos Barrios, pero es una ciudad grande y no sabe en qué barrio vivir. Para decidir, Juan quiere saber qué hay en cada barrio.

a Mira los planos de Barrioarriba y Barrioabajo y busca los lugares de la lista. Escribe el número al lado del nombre.   L → 1

- ❏ Restaurante
- ❏ Banco
- ❏ Museo
- ❏ Teatro
- ❏ Supermercado
- ❏ Tienda
- ❏ Farmacia
- ❏ Aeropuerto
- ❏ Estación de tren
- ❏ Parque
- ❏ Iglesia
- ❏ Universidad
- ❏ Biblioteca
- ❏ Hospital

b Ana y Paula son amigas de Juan. Ana vive en Barrioarriba, Paula en Barrioabajo. Las dos creen que su barrio es el mejor, pero…¡No siempre dicen la verdad! Encuentra la información falsa y escribe la correcta.

> **Expresar existencia**
> Hay es una forma verbal invariable y se utiliza con nombres en singular o en plural:
> -¿Hay un supermercado cerca?
> -Sí, en este barrio hay muchos supermercados.
>
> -En mi barrio hay muchas tiendas y restaurantes.
>
> **¡Atención!**
> ~~En Barrioarriba hay el aeropuerto~~
>
> G → 13.7

Juan: ¿Qué barrio creéis que es mejor: Barrioarriba o Barrioabajo?

Ana: ¡Está claro! ¡Barrioarriba! Aquí hay de todo. Hay muchas tiendas, restaurantes, parques… Es perfecto para estudiar, porque hay una universidad. También tiene todos los servicios básicos: hay un hospital, una estación de tren… ¡Incluso hay un aeropuerto muy cerca!

Paul: Pues yo vivo en Barrioabajo y estoy muy contenta, porque mi barrio tiene todas las cosas necesarias, como un pueblo. Tiene un teatro y una biblioteca pública, también hay farmacias, bancos y un supermercado muy barato. Además, hay unas iglesias muy bonitas y un gran parque donde puedo hacer deporte.

....
....
....
....
....
....
....
....
....
....
....

c ¡Tú decides! Mira las preferencias de Juan y decide qué barrio es mejor para él.

Soy piloto. Viajo mucho al extranjero.

Creo que es mejor Barrioarriba porque Juan es piloto y el aeropuerto está en Barrioarriba…

Sí, pero…

unidad 5

3 #UnBarrioDeCine

a ¿Sabes dónde están estos barrios?

ESTAMBUL / NUEVA YORK / MADRID / COPENAGUE / RÍO DE JANEIRO / BUENOS AIRES

IPANEMA • CHRISTIANIA • TAKSIM • LA BOCA • BROOKLYN • MALASAÑA

b ¿Conoces estas películas? Algunos barrios del mundo son muy famosos porque salen en estas películas. ¿Qué barrio relacionas con cada película? ¿En qué ciudades están?

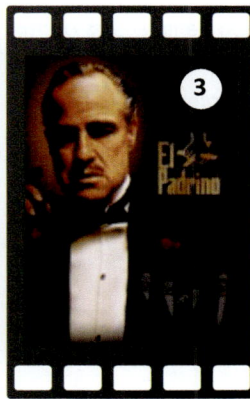

a. Little Italy
b. Notting Hill
c. Montmartre
d. Barrio gótico

e. Londres
f. Barcelona
g. Nueva York
h. París

c Lee las siguientes afirmaciones sobre estos barrios de cine. ¿Son verdaderas o falsas? Escucha a cuatro personas que viven en estos barrios y señala la opción correcta.

nº 38

LITTLE ITALY
- Hay muchos gánsteres y mafiosos. ☐
- Está lejos del Barrio Chino. ☐
- Hay una antigua catedral. ☐

NOTTING HILL
- Es un barrio con mucha vida. ☐
- La librería de la película es en realidad una farmacia. ☐
- Hay una parada de tren muy cerca. ☐

MONTMARTRE
- Es el barrio de artistas de París. ☐
- Hay una iglesia famosa. ☐
- En este barrio está el museo donde trabaja Amélie en la película. ☐

BARRIO GÓTICO
- El barrio gótico está a las afueras de la ciudad. ☐
- Hay pocos monumentos históricos. ☐
- Hay una pequeña plaza con mucho encanto. ☐

d ¿Y tú? ¿Conoces otros lugares de cine? Piensa en una ciudad, barrio o pueblo relacionado con una película o serie famosa. Escribe una descripción del lugar sin escribir el nombre.

e Ahora lee la descripción a tus compañeros. Ellos tienen que adivinar qué lugar es.

Situar o localizar
verbo estar

¿Dónde está Barcelona?
Al noreste de España.
¿Dónde están tus hijos?
Ahora están en el colegio.

G → 13.6 y 13.7

ESTAR	
Yo	Estoy
Tú	Estás
Él, Ella, Usted	Está
Nosotros/as	Estamos
Vosotros/as	Estáis
Ellos, Ellas, Ustedes	Están

4 ¿Dónde nos quedamos? G → 6.2

a) Pablo y Silvia son una pareja que va a pasar un fin de semana a Madrid. Para buscar un lugar, entran en una famosa página web. **Lee** los anuncios y **relaciona** con las tres fotos.

a) **Piso** céntrico bien comunicado por metro. Viejo, pero reformado, con puertas y ventanas nuevas. Interior. Con terraza. 1 dormitorio con 1 cama doble.

Otros servicios: Internet, 1 baño, teléfono y terraza.

Precio: 42€/noche

b) **Apartamento** muy moderno, exterior, bien comunicado por metro. En el barrio de Malasaña. Tiene dos habitaciones con camas individuales y una sala de estar. Con calefacción central. Dos dormitorios con 2 camas individuales.

Otros servicios calefacción, 1 baño, ascensor y televisión.

Precio: 70€/noche

c) Preciosa **casa** a las afueras de Madrid, a 45 minutos del centro. Con salón, cocina, 2 cuartos de baño y jardín. Perfecto para pasar unos días con amigos. 3 dormitorios con 1 cama doble y 4 individuales

Otros servicios: calefacción, 2 baños, jardín, garaje y lavadora.

Precio: 180€/noche

1

2

3

b) Imagina que vas con un amigo/a a Madrid. ¿Cuál de los tres te gusta más? ¿Por qué?

nº 39 **c)** Silvia y Pablo llaman para tener más información. ¿De qué anuncio hablan?

5 Un estudio muy bonito
L → 3 y 4

a) El casero de Pablo y Silvia envía tres fotos y la descripción del estudio. **Lee** y **relaciona** con las imágenes.

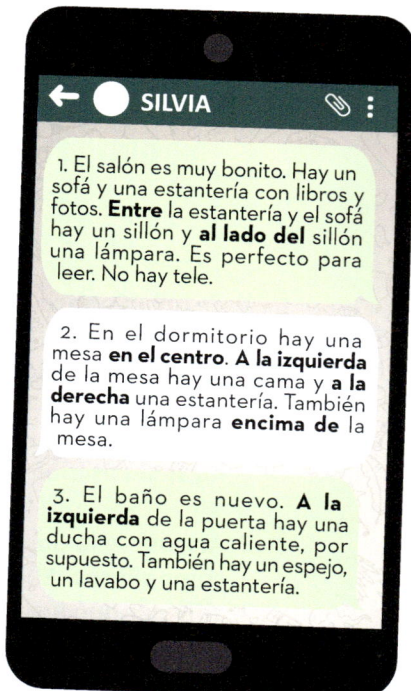

SILVIA

1. El salón es muy bonito. Hay un sofá y una estantería con libros y fotos. **Entre** la estantería y el sofá hay un sillón y **al lado del** sillón una lámpara. Es perfecto para leer. No hay tele.

2. En el dormitorio hay una mesa **en el centro**. **A la izquierda** de la mesa hay una cama y **a la derecha** una estantería. También hay una lámpara **encima de** la mesa.

3. El baño es nuevo. **A la izquierda** de la puerta hay una ducha con agua caliente, por supuesto. También hay un espejo, un lavabo y una estantería.

b Cuando Pablo y Silvia entran en la casa, se encuentran con algunos gatos. ¿Dónde están los gatos? **Completa** las frases con las preposiciones del recuadro naranja.

1. Un gato _____ sofá rojo
2. Un gato _____ sofá amarillo
3. Un gato _____ la estantería
4. Un gato _____ dos de los sillones

Para localizar

Debajo de
Encima de
A la derecha de
A la izquierda de
Entre

G → 11

c Pablo y Silvia buscan estas cosas en la habitación. **Ayúdales** a encontrarlas, **escribe** dónde está cada cosa.

☐ La contraseña de Internet
☐ Una lámpara
☐ Una papelera
☐ Una estantería
☐ Un enchufe para el cargador del móvil
☐ Un mapa de la ciudad

6 #SeAlquila

a ¿Cómo es tu casa? **Completa** un anuncio para alquilar tu casa en vacaciones. **Recuerda** incluir una descripción. Después **preséntalo** en clase. ¿Qué piso quieres alquilar?

TU PISO IDEAL

___ dormitorios   _____

Descripción: ....
....

Precio: .... €

Otros servicios: ....

7 Una casa llena de Pokemonstruos

Riqui el Friki tiene una casa llena de Pokemonstruos. Sus amigos van todos los días a cazarlos.

a Escucha y repite los nombres de los Pokemonstruos que están en casa de Riqui.

nº 40

Cícero   Quecasu   Cazolso   Suzu   Cosiqui   Cuque

b Escucha las palabras una vez más y escríbelas en la columna correcta.

nº 40

Sonido /z/ como en **Z**ara**z**o**z**a	Sonido /k/ como en **ca**sa	Sonido /s/ como en **Sa**lamanca
	cama	

C Z K Q

Para el sonido /Z/ escribimos za, zo, zu: *azul*.
Con C para ce y ci: *cerca*.

Con C: *Casa*
Con Q + ue, ui = *parque, quien*.

c ¿Dónde están los Pokemonstruos? Habla con tu pareja.

Quecasu está en la cama, en el dormitorio.

d Escucha y completa las palabras con las letras *s, c, qu* o *z*.

nº 41

_o_inero   _a_ado
Ri_ado   _ator_e
Pe__eño   A__en_or

El "seseo" en Hispanoamérica y en algunas regiones de España (Canarias, Andalucía) la pronunciación de la *z* se cambia por el sonido /s/

e Escucha y corrige las palabras que están mal escritas.

nº 42

1. Rosa ciere una caza con terrasa.
2. Quique tiene qince lápices de colores, cinco rozas y dies azules.
3. En mi siudad hay quatro zines.
4. En la plaza hay un quiosco. La plaza está cerca de su casa.

f Escucha este trabalenguas leído por dos hispanohablantes: el primero es de Madrid. El segundo es de Uruguay. ¿Qué diferencias escuchas?

nº 43

Quique cocina solo cinco cocos. ¿Solo quince cocos cocina Quique?

unidad 5

8 Lugar para visitar en Madrid

 a **Mira** en internet un mapa interactivo de Madrid, lee estos textos y **marca** la respuesta correcta.

1. Es muy fácil de encontrar: te bajas en la estación de metro Banco de España y caminas por el Paseo del Prado. Está entre el Museo Thyssen-Bornemisza y el CaixaForum. Está justo al lado del Real Jardín Botánico.

   Quiere ir... ☐ al Museo Reina Sofía.   ☐ al Museo del Prado.

2. Está a la izquierda del Teatro Real, entre la Plaza de Oriente y Campo del Moro.

   Quiere ir... ☐ a la Plaza Mayor.   ☐ al Palacio Real.

3. Está encima del centro comercial El Corte Inglés de Callao. Solo tienes que entrar y subir en el ascensor hasta la última planta.

   Quiere ir... ☐ al Gourmet Experience.   ☐ al supermercado.

4. Si caminas por la calle Alcalá desde el metro Sevilla hasta Banco de España, lo ves a la izquierda, cerca de la Iglesia de San José.

   Quiere ir... ☐ al edificio Metrópolis.   ☐ al Círculo de Bellas Artes.

b **Piensa** en un lugar, establecimiento, etc. de la ciudad en la que estás y **describe** a tu compañero/a cómo llegar sin decir qué lugar es. La otra persona debe adivinar de qué lugar hablas.

 9 ¿Y estos monumentos famosos? ¿Sabes dónde están? **Habla** con tu pareja.

73

10 Un paseo por Salamanca G → 10

a) María y Carlos tienen una cita en la plaza de Anaya, pero no saben cómo ir porque no tienen batería en el móvil. **Lee** las conversaciones de María y Carlos en la calle y **contesta** las preguntas: ¿Dónde está María? ¿Dónde está Carlos?

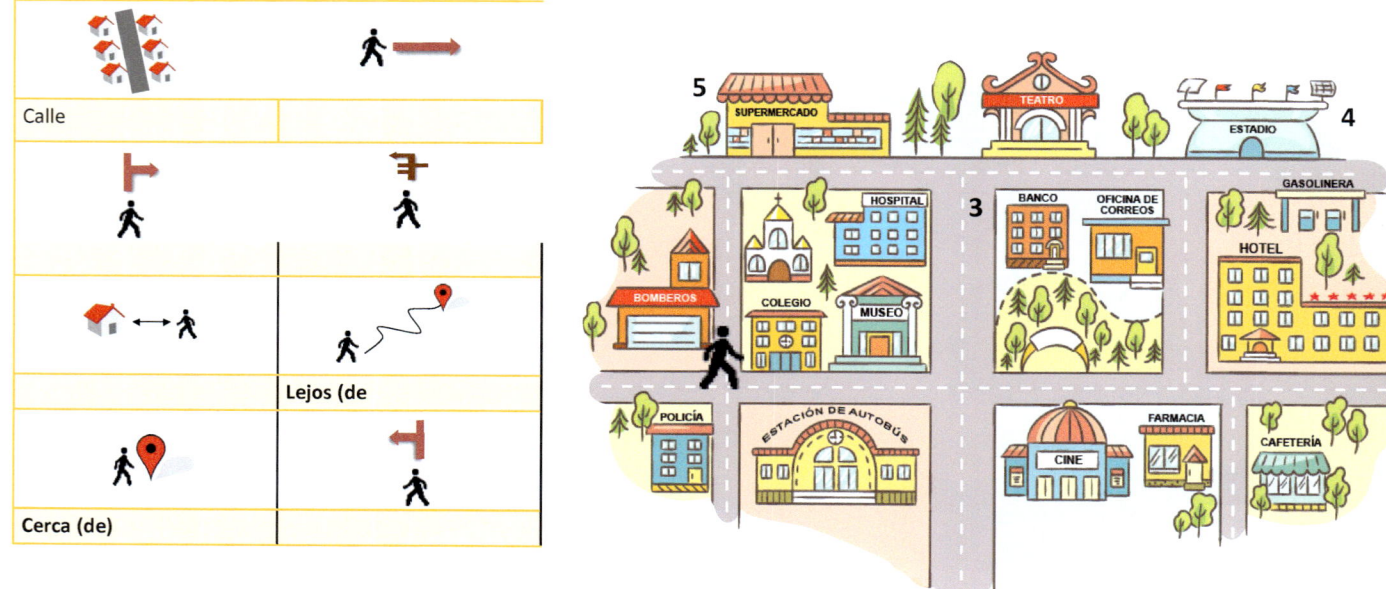

— Disculpa, ¿sabes dónde está la Plaza de Anaya?

— Sí, está **cerca**, al **final de** esta calle a la **izquierda** y luego la **primera a la derecha**.

— Perdona, ¿sabes dónde está la Plaza de Anaya?

— Sí, mira, vas **todo recto** y la **segunda a la derecha**. Después la **tercera a la izquierda**. **Enfrente de** la Universidad.

b) **Completa** el siguiente cuadro con las palabras en negrita de la actividad anterior.

Calle	
	Lejos (de
Cerca (de)	

c) En el siguiente mapa hay 6 puntos. Primero **escucha** 1 y 2 y **responde**, ¿qué están buscando? Después, **pregunta** a tu pareja cómo llegar a los puntos 3, 4, 5 y 6.

nº 44

UNA NOCHE EN LAS CARRERAS

1 El siguiente corto cuenta la historia de una pareja con una emergencia. ¡Necesitan algo importante durante la noche! En tu opinión, ¿qué cosas podemos necesitar por la noche en una emergencia?

2 No es fácil comprar por la noche. ¿Qué lugares están abiertos por la noche en tu ciudad?

3 **Mira** la primera parte del corto hasta "¿Qué pasa a continuación?" y **dibuja** un pequeño mapa con las indicaciones que recibe.

4 **Comenta** con tu pareja. ¿Qué está buscando el protagonista? ¿Por qué? Ahora **escribid** el diálogo que tienen a continuación y **represéntadlo** en clase.

5 **Mira** la segunda parte del corto y **comprueba** tus hipótesis.

6 Según la pareja, ¿qué es necesario en un plan perfecto para ver una película? ¿Y para ti? ¿Cuál es el plan perfecto?

CULTURA

Dentro del mundo hispanohablante

El pichintún de acá

1 **Mira** este *ranking* sobre las mejores ciudades para vivir de un país de América Latina. ¿Sabes cuál?

% que califica con notas 6 o 7 cada ciudad como lugar para vivir

Ciudad	%
Viña del Mar	58
La Serena	50
Concepción	45
Valdivia	41
Valparaíso	33
Iquique	29
Puerto Monte	28
Osorno	27
Chillán	25
Antofagasta	25
Temuco	25
Los Ángeles	25
Coquimbo	24
Arica	23
Rancagua	23
Coyhalque	21
Santiago	19

2 Aquí tienes algunas pistas sobre ese país. **Relaciona** cada información con una imagen.

La cueca | Torres del Paine | Isla de Pascua | Mapa | Bandera

3 **Mira** el vídeo y **comprueba**: https://tinyurl.com/CulturaUnidad5. Después, en pequeños grupos elegid una ciudad del *ranking* y **buscad** información sobre ella.

4 **Mira** qué aspectos valoran los chilenos de las ciudades donde viven. ¿Y tú? ¿Qué opinas de tu ciudad?

NOTICIAS

Patricia, chilena, vive en Viña del Mar desde hace 10 años. La también llamada "Ciudad Jardín" es considerada la mejor ciudad para vivir en Chile.

"Acá la vida es más tranquila; hay playa. Las tiendas y los restaurantes son buenos... La ciudad no es muy grande y, además, estás a una hora y media de Santiago".

¿Sabes que...?

En Chile, y en muchos otros lugares de habla hispana, se dice "acá" y "allá" en vez de "aquí" y "allí".

Agente inmobiliario

PROYECTO

1 ¿Puedes ser un buen agente inmobiliario? En parejas vais a preparar un apartamento para alquilar los fines de semana. En primer lugar, *decide* y *dibuja* cómo es este apartamento. El apartamento puede tener:

★ un dormitorio   ★ un salón   ★ un baño   ★ una cocina   ★ un balcón

2 Después de dibujar el plano, necesitamos muebles. Para esto, tienes un presupuesto de 1000 €. Aquí tenéis diferentes páginas web para comprar muebles:

- www.ikea.com/es
- www.pikeando.com/es
- www.vibbo.com/hogar
- www.dismobel.es

3 Ahora *comenta* con tu pareja donde colocar los muebles.

Apartamento romántico en el centro de Londres.
Cocina, salón, dormitorio y baño.
Amueblado.
Cerca de la calle Oxford, ¡perfecto para ir de compras!
Restaurantes, tiendas y cine cerca...

La mesita en la terraza, ¿no?

Sí, y la televisión en el salón.

4 *Escribe* un pequeño anuncio y *habla* también de la zona: ¿Dónde está? ¿Cómo es el barrio? ¿Qué hay cerca?

5 *Comenta* con tus compañeros. ¿Qué piso quieres alquilar? ¿Por qué?

A mí me gusta el piso de Londres, porque me gusta mucho la terraza. Además, me gusta mucho Londres.

6 Una persona de la pareja es el agente inmobiliario y la otra es un cliente.

- **Como cliente:** *busca* información para pasar tu próximo fin de semana de vacaciones, *lee* anuncios y *habla* con agentes inmobiliarios. ¿Dónde quieres quedarte?
- **Como agente inmobiliario:** *presenta* el apartamento, *intenta* alquilarlo. Si es posible, *muestra* imágenes de los muebles también.

¡Recuerda y comprueba!

Reflexiona. *Utiliza* los números de los emoticonos para evaluar tus conocimientos. *Comenta* con tus compañeros.

1. Lo sé todo, ¡soy genial!

2. Tengo que estudiar un poco más

3. Necesito repasar

PUEDO
- ☐ Describir qué hay en mi barrio
- ☐ Situar, localizar; decir dónde está algo
- ☐ Pedir y dar información para ir a lugares

¡Genial!

CONOZCO
- ☐ Vocabulario de la casa
- ☐ Preposiciones y adverbios para describir dónde está algo
- ☐ El seseo y el ceceo y sus diferencias en la escritura y la pronunciación

¡Genial!

COMPRENDO
- ☐ Cómo expresar existencia con *hay*
- ☐ Cómo expresar localización con *estar*

¡Genial!

BANCO LÉXICO

1 Estos son algunos lugares de la ciudad. ¿Cómo se llaman en español? Escribe cada lugar debajo de su imagen.

Banco   Supermercado   Tienda   Farmacia   Aeropuerto   Plaza   Estación de tren   Parada de metro
Parque   Biblioteca   Hospital   Catedral   Librería   Cafetería   Plaza de toros   Estadio de fútbol

  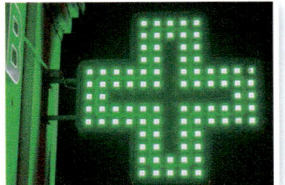 

1. _____   2. _____   3. _____   4. _____

5. _____   6. _____   7. _____   8. _____

9. _____   10. _____   11. _____   12. _____

13. _____   14. _____   15. _____   16. _____

2 Completa con el vocabulario de la ciudad.

Para tomar algo o comprar algo puedo ir a:	Para viajar:	Si estoy malo o enfermo:
Para divertirme:	Para moverme en la ciudad:	Para aprender:

BANCO LÉXICO

 3 Relaciona **el nombre de cada parte de la casa con un número.**

a. El garaje
b. El salón
c. La terraza
d. La cocina
e. El dormitorio
f. El jardín
g. El (cuarto de) baño

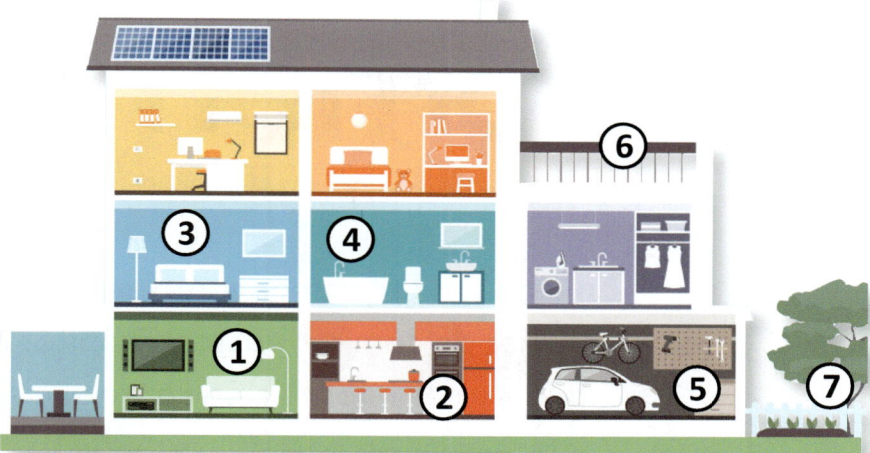

 4 Mira **estos iconos de una página web. ¿Qué significan?** Busca **en un diccionario o en Internet cómo se escriben en español.**

1    2    3 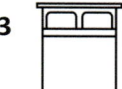   4    5

_____   _____   _____   _____   _____

6    7    8    9    10

_____   _____   _____   _____   _____

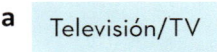 **5** Relaciona **cada icono con su significado.**

a. Televisión/TV
b. Cama
c. Ascensor
d. Baño
e. Nevera
f. Lavadora
g. Calefacción
h. Conexión Wi-Fi
i. Jardín
j. Garaje

6 **¿Cómo se dice en tu lengua?** Completa **la tabla.**

En español	En tu lengua
Me voy a casa	
Hoy me quedo en casa	
Mi madre está en casa	

3 palabras útiles de esta unidad:
1.
2.
3.

79

unidad 6

Somos lo que comemos

En esta unidad vamos a aprender a...
- hablar de comida, gustos y hábitos alimentarios
- pedir y dar información sobre alimentos
- interactuar en bares y restaurantes

1 Mis blogs de comida

a ¿Sabes qué es un blog de comida? ¿Conoces alguno?

a

b

c

d

b Lee este artículo sobre blogueros gastronómicos y adivina cómo se llaman los blogueros de las fotos anteriores.

Profesión: Fotógrafo de alimentos.

Mucha gente viaja, hace fotos de sus viajes y, especialmente, hace fotos de la comida que encuentra en sus viajes. ¿Quieres seguir a algún bloguero en su viaje por el mundo y su variada y excelente comida? Aquí tienes una lista de blogueros gastronómicos que tienes que conocer.

1. El desayuno es muchas veces uno de los mejores momentos de las vacaciones. A Luisa le encanta desayunar bien cuando está de viaje. En su blog, además, pone fotos de sus desayunos durante sus vacaciones. Frutas exóticas, zumos naturales, dulces… Hace fotos muy bonitas y con mucho color. Si también eres amante de los desayunos visita su blog www.misdesayunosdemundo.blogueros.com.

2. Para algunos la comida rápida no es una obligación, sino un placer. Iñaki tiene una gran afición: los bocadillos. Le encantan los bocadillos de todas las clases. ¿A ti también te gusta la comida rápida como los bocadillos y las hamburguesas? Entonces, seguro que te gusta su blog www.misbocadillos.wordpress.com. Iñaki fotografía los bocadillos que come cada día en el trabajo y los pone en Internet: desde los bocadillos más sencillos, como el bocadillo de jamón y queso, hasta bocadillos muy elaborados con carne, huevo, verduras…

3. Si eres vegetariano, viajar a algunos países y comer bien puede ser difícil. Alicia es una bloguera vegana que viaja por el mundo y nos enseña los platos vegetales más ricos de países como China, Sudáfrica, Noruega o Ecuador. Además, hace unas fotos muy bonitas. ¿Eres vegetariano o te encanta comer verdura? Visita www.deliciasveganas.com.

4. No a todo el mundo le gusta la verdura. A Javier, por ejemplo, le encanta el pescado. El sushi le gusta especialmente, es su comida favorita. En su blog www.sushiadicto.bloguero.com nos enseña fotos de platos de sushi de todos los colores, formas y sabores. Javier vive en Japón porque está casado con una japonesa y cada día pone una foto nueva. Si te gusta el sushi, este es tu blog.

c Comenta con tus compañeros. ¿Te interesa alguno de los blogs anteriores? ¿Cuál?

d Piensa si estás de acuerdo con las siguientes afirmaciones del texto.

1. El desayuno es una de las mejores cosas durante las vacaciones.

2. Para algunos la comida rápida no es una obligación, sino un placer.

3. Si eres vegetariano, viajar a algunos países y comer bien puede ser difícil.

4. A muchas personas no les gusta la verdura.

e Y tú, ¿haces fotos a la comida con frecuencia? ¿Por qué? ¿Puedes enseñar alguna de tus fotos a tus compañeros?

2 Me encanta la leche, odio la leche

a ¿Sabes en qué países la gente bebe mucha leche? ¿Y en qué países crees que la gente no bebe leche? ¿Sabes de dónde es la leche que bebemos? ¿Qué productos alimenticios consumes que son de otros países?

b **Mira** este gráfico y **responde** las preguntas. ¿Los habitantes de qué países beben mucha leche? ¿En qué países no beben mucha leche?

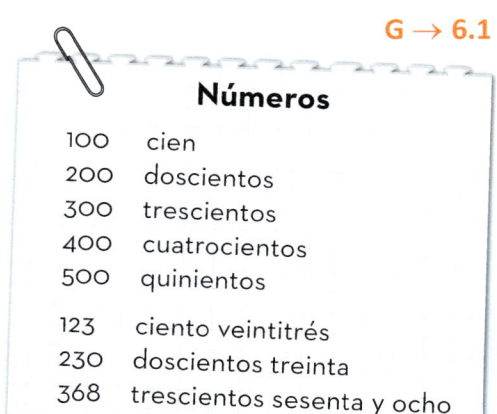

G → 6.1

Números

100	cien
200	doscientos
300	trescientos
400	cuatrocientos
500	quinientos
123	ciento veintitrés
230	doscientos treinta
368	trescientos sesenta y ocho

Consumo promedio anual de leche en el mundo (por persona)

-En litros-

País	Litros
Europa	300
Uruguay	270
EE.UU.	259
Argentina	220
Venezuela	145
Colombia	141
Chile	130
Ecuador	110
India	118
Perú	70
Bolivia	55,3
China	31

c **Marca** en el mapa los colores según la información del gráfico.

1. Les encanta la leche. Beben leche todos los días o casi todos los días. ■
2. Les gusta la leche. Beben leche con frecuencia. ■
3. No les gusta mucho la leche. Beben leche a veces. ■
4. No les gusta la leche. Beben poca leche. ■
5. No beben leche. ■

d **Escribe** en un papel el nombre de una bebida que te encanta y una bebida que odias. Tu pareja tiene que adivinar qué bebida te encanta y cuál odias.

zumo de tomate

café

e **Escribid** en la pizarra las bebidas que han aparecido en la actividad d) y **haced** un gráfico como el de la leche. ¿Cuál es la bebida que más os gusta? ¿Cuál es la que menos os gusta?

3 ¡Qué interesante! #BlogsComida

a Mira estas revistas, blogs y canales de cocina en Internet. ¿Alguno te parece interesante? ¿Por qué?

b Escribe el nombre de las publicaciones de la actividad anterior en las siguientes frases.

1. ………………………… la revista de la gente a la que le encanta la carne.

2. ¿No comes carne, huevos o leche? Visita …………………………, el canal de la gente que es realmente vegana.

3. …………………………: para la gente que no come carne.

4. …………………………, el blog de los que aman el pescado.

5. ¿Pasión por el pan? A nosotros nos encanta el pan. Mil formas de hacer pan en nuestro blog: …………………………

c Escucha a unos amigos hablar de estas publicaciones. ¿De cuál hablan?

nº 45

4 Soy vegetariano, no como animales   L → 1

a ¿Y tú? ¿Comes carne? Muévete por la clase y busca a…

– Una persona que no come pan.
– Una persona que no come carne.
– Una persona a la que no le gusta la fruta.
– Una persona a la que le encanta el pescado.

> **Oraciones de relativo**
>
> Para dar más información sobre personas, objetos o lugares utilizamos el pronombre **que**.
>
> *El pan lo hacen aquí.*
> *El pan está muy bueno.*
> *El pan que hacen aquí está muy bueno.*
>
> G → 12.2

b Busca a unos compañeros con los mismos gustos que tú. Muévete por la clase y encuentra a una persona con las mismas respuestas que tú.

1. ¿Comes carne?   a) nunca   b) a veces   c) muchas veces
2. ¿Bebes refrescos?   a) nunca   b) a veces   c) muchas veces
3. ¿Tomas sopas?   a) nunca   b) a veces   c) muchas veces
4. ¿Comes en casa?   a) nunca   b) a veces   c) muchas veces
5. ¿Te gusta la verdura? a) mucho   b) poco   c) nada

c Con tu pareja, **inventa** un blog o una revista de comidas o restaurantes que os gustan. **Escribe** el nombre del blog o de la revista, el título de tres entradas y **preséntalo** a los compañeros.

> Nosotros vamos a crear un blog de pasta que se llama "Capriccio de pasta" que habla del mundo de la pasta. En el blog explicamos dónde comprar pasta, cómo cocinar la pasta, ...

> Tenemos vídeos con recetas italianas. Las tres entradas se llaman: "Pasta aquí, pasta allí". "Como pasta por poca pasta". "Secretos para la carbonara".

5 #DietaDeLaMano L → 2

a ¿Cuántas veces comes al día? Y cada vez que comes, ¿cuánta cantidad comes? ¿Qué alimentos tomas más y qué alimentos tomas menos? **Coloca** estos alimentos en la pirámide de más a menos frecuentes en tu dieta.

carne   queso   helado

mantequilla   verduras   pasta

b **Compara** tu lista con la de tu pareja.

c ¿Conoces la dieta de la mano? Esta dieta dice que nuestra mano nos ayuda a saber cuánto podemos comer de diferentes alimentos. **Mira** la imagen con las cantidades. ¿Qué alimentos crees que corresponden con esas cantidades?

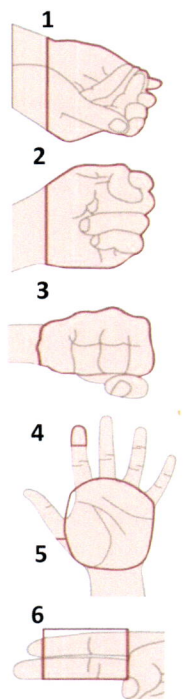

d **Escucha** el audio donde el experto habla de la dieta de la mano para comprobar tus respuestas.

nº 46

e ¿Conoces alguna dieta? ¿Cómo es? ¿Qué puedes comer?

unidad 6

6 Dime de dónde eres y te digo qué comes

a Mira la foto con los diferentes menús infantiles del mundo y responde las preguntas.

¿En qué países comen mucha verdura?

¿En qué países comen carne?

¿En qué países comen arroz?

¿En qué países comen fruta?

EE.UU.

REINO UNIDO

BRASIL

FINLANDIA

ITALIA

GRECIA

FRANCIA

ESPAÑA

INDIA

COREA DEL SUR

JAPÓN

CHINA

b Describe tu menú favorito a tu pareja. Escucha a tu compañero/a y dibuja en esta bandeja su menú favorito.

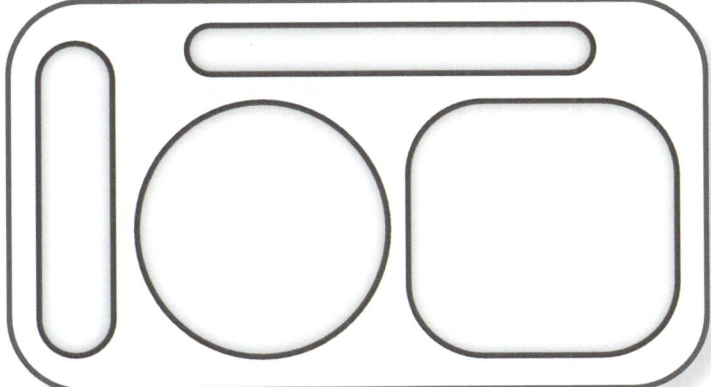

G → 13.2

Verbos con cambio vocálico E→IE	
QUERER	PREFERIR
Quiero	Prefiero
Quieres	Prefieres
Quiere	Prefiere
Queremos	Preferimos
Queréis	Preferís
Quieren	Prefieren

7 ¿Qué comemos hoy?

a) Raquel llama a Raúl para invitarlo a comer. Escucha la conversación y responde a las siguientes preguntas.

nº 47

1. ¿Quién es vegetariano/a?
2. ¿Quién come carne?
3. ¿Quién quiere ir a comer paella?
4. ¿Quién quiere comer en un restaurante tailandés?
5. ¿Adónde van?

b) Raquel y Raúl caminan por la calle y buscan un sitio dónde comer. Mira los menús de los restaurantes que encuentran en la calle y escucha. ¿A qué restaurante van?

nº 48

**Bocadillos
Sándwiches
Ensaladas
Hamburguesas**

**Menú del día
Primer plato
Sopa de pescado
Ensalada
Segundo plato
Carne en su salsa
Pescado del día
Pan y postre incluido**

**Tapas variadas
Tortilla
Croquetas
Gazpacho**

c) ¿Sabes qué es el menú del día? ¿Sabes qué diferencia hay entre carta y menú del día? Comenta con tus compañeros.

Para los carnívoros

CARNES & PARRILLAS

Riko's parrillero — 9,00€
Sabrosa pechuga de pollo a la parrilla, acompañado de patatas fritas, ensalada y nuestras salsas

Entrecot a la parrilla — 10,50€
Exquisito entrecot a la parrilla con patatas fritas, salsas y ensalada

Parrillada para dos — 16,00€
¡6 tipos de carne! 1 chorizo, 1 churrasco, 1 panceta, 1 bistec, 1 costilla y 2 anticuchos acompañados de patatas y ensalada

Parrillada para cuatro — 30,00€
2 chorizos, 2 churrascos, 2 pancetas, 2 bistec, 2 costillas y 1/2 pollo a la brasa acompañados de patatas y ensalada

¿Algo más?

COMPLEMENTOS

Patatas fritas	2,00€
Patatas cocidas	2,50€
Queso	2,00€
Arroz	2,00€
Yuca frita	4,00€
Hot dog (frankfurt)	2,00€
Croquetas de pollo (5 uds.)	4,00€

Especialidad de la casa

POLLOS A LA BRASA

1/4 Riko's brasa — 6,90€
1/4 de pollo a la brasa acompañado de patatas fritas, ensalada y nuestras salsas

1/2 Riko's brasa — 13,50€
1/2 pollo a la brasa acompañado de patatas fritas, ensalada y nuestras salsas

1 Riko's brasa — 23,00€
1 pollo entero a la brasa acompañado de patatas fritas, ensalada y nuestras salsas

NUESTRAS SALSAS

Angelical: Orégano, pimienta, vinagre, mostaza y nuestro secreto

Traviesa: Ají amarillo, ajo, orégano y nuestro secreto

Diabla: Huacatay, cilantro, rocoto y nuestro secreto

MENÚ DEL DÍA
Tapa del día

- Ensalada de la casa
- Crema de verduras
- Tallarines salteados con gambas
- Garbanzos estofados con chorizo

- Churrasco asado con finas hierbas
- Jamoncitos de pollo al horno
- Lenguado al limón
- Filete de merluza a la plancha con ajo y perejil

- Plátano con chocolate
- Yoghurt natural
- Fruta del tiempo
- Helado

11,35.-

PAN Y UNA BEBIDA   IVA INCLUIDO

8 Camarero, por favor L → 5

a Cuando Raquel y Raúl entran en el bar escuchan las siguientes frases. ¿Sabes qué significan? ¿Sabes qué frases dice el camarero y cuáles el cliente?

b Escribe "camarero" o "cliente" a la derecha de cada frase.

> **¿Sabes que...?**
>
> Depende del tipo de restaurante, del país, de la edad, podemos utilizar "tú" o "usted" con el camarero.

- ¡Perdona! Ya sé qué quiero.
- ¿Sabéis ya qué queréis?
- De primero, quiero una sopa de pescado y de segundo, asado de carne, por favor.
- Aquí tiene su café.
- ¿Este plato tiene carne?
- La cuenta, por favor.
- Su plato tiene carne y ella es vegetariana. ¿Es posible cambiarlo?
- Su tarjeta, gracias.
- ¿Solo o con leche?
- ¿La leche fría o caliente?
- No sé qué quiero. ¿Tú qué quieres? ¿Sabes?
- Quiero pagar con tarjeta. ¿Es posible?

c Relaciona las frases anteriores con las fotos y escribe el número correspondiente en cada frase.

1

2

3

4

5

6

7

8

9

10

11

12

9 Para comer quiero...

a Mira el menú del día de la actividad 7.c, lee el cuadro de la pronunciación de la "r" y escribe dos palabras en cada papel.

MENU

Palabras con "r" débil

Palabras con "r" fuerte

R SUAVE

La "**r**" suave se pronuncia tocando una sola vez la punta de la lengua en el paladar y la "**r**" fuerte, cuando la punta de la lengua toca repetidas veces.

R FUERTE

Cuando la "**r**" está al principio de la palabra: *Rosa*.

Cuando la "**r**" está después de la letra "l", "s" o "n": al**r**ededor, en**r**oscar.

Cuando hay dos "**rr**": ca**rr**o

Cuando la "**r**" está al final de la sílaba: ca**r**ne

b n° 49 Escucha al camarero leer el menú del día para comprobar que tus palabras están en la columna correcta.

10 Restaurantes con sabor

a Mira las cartas de estos restaurantes. ¿De qué países crees que son?

b Con tu compañero/a, elige uno de estos restaurantes y los platos que quieres comer. Escribe un diálogo en el restaurante: uno es el camarero, otro es el cliente. Después actúa delante de tu clase.

LA COMIDA TIENE UN PRECIO

A escena

1 ¿Qué alimentos hay siempre en tu lista de la compra? **Escribe** tu lista de la compra y **compara** con la de tu pareja.

2 **Mira** la primera parte del corto y **marca** una x en los alimentos de la lista de la compra de Clara y Daniel.

3 **Mira** una vez más el corto hasta "¿Qué pasa a continuación?" **Contesta** a las siguientes preguntas:

¿Qué se puede comer con la dieta del doctor Barringa?

¿Por qué no le gusta la dieta del doctor Barringa a Clara?

4 Con tu pareja, **escribe** una continuación para el corto y **represéntala** en clase.

5 **Mira** todo el corto y **comprueba** tus hipótesis.

6 **Inventa** con tu compañero una dieta y **escribe** lo que puedes comer y lo que no puedes comer.

Dieta

Puedes comer	No puedes comer

CULTURA

Dentro del mundo hispanohablante

Yo no cambio mi comida

Hay un país en Latinoamérica donde no existen restaurantes de grandes cadenas internacionales de comida rápida. Es un país donde la gente come y cocina con tranquilidad, donde la comida rápida no tiene buena fama.

1 **Mira** estas imágenes relacionadas con la cultura de ese país. ¿Qué país crees que es? **Relaciona** cada información con una imagen.

 a
 b
 c
 d

1. Pachamama 2. Coca 3. Baile de la Morenada 4. Cholitas

2 **Mira** este vídeo https://tinyurl.com/CulturaUnidad6 y **escribe** el nombre del país: __ __ __ __ __ __ __

3 **Escucha** las canciones del vídeo y **marca** las frases que oyes.

- ☐ Cultura es bailar la Morenada.
- ☐ Cultura es comer frijoles.
- ☐ Cultura es la lengua quechua y aymara.
- ☐ Cultura es la coca de los Cocanís.
- ☐ Cultura es el chairo de mi cholita.
- ☐ Aquí no rinde tu hamburguesa.
- ☐ Nuestra cultura viene de la tierra muy profunda.
- ☐ El marketing no me interesa.
- ☐ No me gusta la hamburguesa.
- ☐ Mi sabor sí se respeta.
- ☐ Mejor te invito a comer un buen fricacho.

4 ¿Por qué crees que no tiene éxito la comida rápida en Bolivia? ¿Tiene éxito en tu país? ¿Por qué?

5 El gusto es mío. **Mira** este otro vídeo bit.ly/Elgustoesmio con la misma canción. ¿Qué platos quieres probar?

El título de la canción es "El gusto es mío" ¿Sabes qué significa esta expresión?

> **Sabes que...?**
>
> **Pachamama** significa Madre Tierra. Es la diosa de la Tierra de los Incas. Los rituales a la *Pachamama* son muy frecuentes en Perú, Bolivia y Ecuador.

PROYECTO

Nuestro restaurante es perfecto

1. ¿Cómo es un restaurante ideal para ti? ¿Qué platos son necesarios para la carta? ¿Qué cosas tiene que tener?

2. En grupos, tenéis que crear un restaurante de comida china, mexicana, española o un restaurante de fusión. Elige un nombre y escribe un anuncio para vuestro restaurante.

.... el restaurante de la gente que ....

3. Cada grupo diseña una carta con primeros platos, segundos y postres. Podéis incluir la opción de un menú del día, dibujar el menú y decidir los precios.

4. Cada grupo cuelga en la clase los anuncios y las cartas de sus restaurantes. Elige un restaurante y pide algo. ¿Qué restaurantes tienen más éxito?

¡Recuerda y comprueba!

Reflexiona. Utiliza los números de los emoticonos para evaluar tus conocimientos. Comenta con tus compañeros.

1. Lo sé todo, ¡soy genial!

2. Tengo que estudiar un poco más

3. Necesito repasar

PUEDO
- ☐ Hablar de comida, gustos y hábitos alimentarios
- ☐ Pedir y dar información sobre alimentos
- ☐ Interactuar en bares y restaurantes
- ☐ Crear un restaurante y diseñar su carta

¡Genial!

CONOZCO
- ☐ Vocabulario de alimentos y bebidas
- ☐ Vocabulario de restaurantes
- ☐ Los números del 100 al 900

¡Genial!

COMPRENDO
- ☐ Las oraciones de relativo
- ☐ El verbo *preferir*
- ☐ El verbo *querer*

¡Genial!

BANCO LÉXICO

 1 **Completa** la imagen con los nombres de cada grupo de alimentos.

Frutas   Leche y queso   Carne y pescado   Pan y cereales   Dulces y postres   Verduras

1. _____
2. _____
3. _____
4. _____
5. _____
6. _____

 2 **Escribe** el nombre de cada producto y **relaciona** estas imágenes con los grupos de alimentos de la actividad anterior.

Pan   Mantequilla   Pollo   Aceite de oliva   Huevos   Arroz   Helado   Tomate   Patata   Pasta

1 _____   2 _____   3 _____   4 _____   5 _____

6 _____   7 _____   8 _____   9 _____   10 _____

BANCO LÉXICO

3 **Piensa** tres platos que te gustan y **escribe** el nombre de sus ingredientes.

Plato	Origen	Ingredientes
Tortilla de patatas	España	Patatas, huevos, aceite de oliva, cebolla y sal.

4 **Relaciona** estas imágenes con un nombre (A) y con su descripción (B).

A. Hamburguesa – Bocadillo – Burrito – Sándwich
B. Vegetal – De tortilla – Con todo – De jamón – De pollo

1. _____ 2. _____ 3. _____ 4. _____ 5. _____

5 **Completa** los mapas mentales del dinero con el siguiente vocabulario.

Sacar dinero | Barato/-a | Billete | Caro/-a | Moneda | Pagar con tarjeta

Tarjeta de crédito | Cambiar dinero | Pagar | ¿Cuánto cuesta/n? | La cuenta

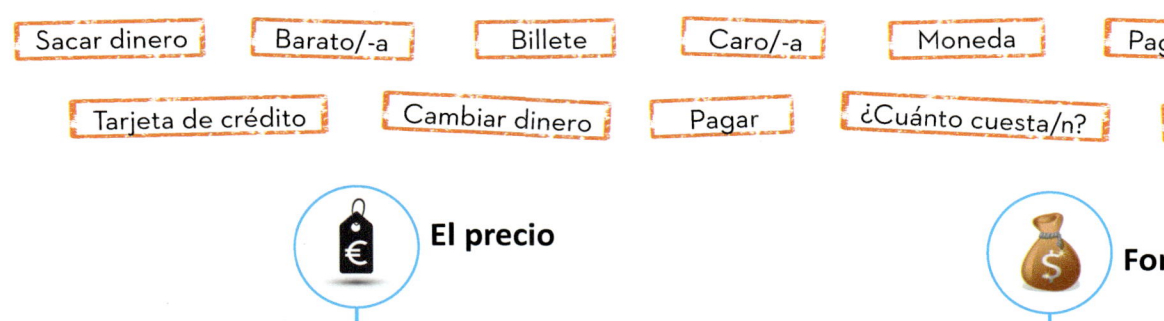

El precio

Forma

Acciones con dinero

3 palabras útiles de esta unidad:
1.
2.
3.

unidad 7

Mi tiempo, mi vida

En esta unidad vamos a aprender a…
- hablar de nuestra vida cotidiana
- hablar de nuestras aficiones
- expresar frecuencia

1 La semana de Luis

nº 50 **a) Escucha** los diferentes momentos en la semana de Luis. **Cierra** los ojos e **imagina**.

b) Mira las imágenes y **marca** con una x las actividades que escuchas.

1 ☐ Estudiar un idioma

2 ☐ Ir a museos

3 ☐ Hacer yoga

4 ☐ Salir con amigos

5 ☐ Ir a un concierto

6 ☐ Correr con mi perro

7 ☐ Trabajar en equipo

c Escucha el audio y completa la agenda de Luis.

nº 51

	LUNES	MARTES	MIÉRCOLES	JUEVES	VIERNES	SÁBADO	DOMINGO
POR LA MAÑANA	yoga en el parque						salir a correr
POR LA TARDE							
POR LA NOCHE					salir con los amigos a tomar algo	concierto de Sabina	

 **d** Comenta con tu pareja. ¿Haces alguna de estas actividades? ¿Cuándo?

Yo también hago yoga.

Los martes por la tarde. ¿Y tú?

¿Cuándo?

2 Mi vida en las redes G → 13.2

a Entramos en la vida de un/a famoso/a *instagramer*. **Lee** el texto y **adivina** su nombre.

- GUSTAVO EL VAGO
- RAMÓN EL LADRÓN
- LUISITA GUARRITA
- CALIXTA LA DEPORTISTA
- LUISITO LIMPITO
- LUPITA LA LENTA

Instagram

Un día en la vida de...

A las 05:30 de la mañana **me despierto** sin despertador y **me levanto**. Después **medito** durante veinticinco minutos. Me gusta mucho porque **empiezo** la mañana muy relajada.

Primero **desayuno** y luego trabajo en mis fotos durante dos horas, en pijama, desde casa. Me encanta trabajar en pijama. Después **me visto** rápidamente, pero nunca **me ducho** porque en mi casa no hay agua caliente. Además, no es bueno ducharse todos los días. Es malo para la piel.

A las 08:45 **salgo** de casa y **voy** a la oficina en bicicleta.

A las 09:00 **llego** al estudio de fotografía y empiezo a trabajar. Normalmente, hago fotos durante toda la mañana y a las 14:00 **como** con mis compañeros de trabajo en Casa Pepe. Es nuestro restaurante favorito. ¡Muy recomendable!

Sobre las 18:00 termino de trabajar. Casi siempre **quedo** con amigos para tomar algo y a las 20:00 vuelvo a casa, **preparo** la cena y leo un rato. Después de cenar, no **me lavo** los dientes. Mi dentista dice que lavarse los dientes una vez al día es suficiente. Siempre **me acuesto** antes de las 23:30. ¡Mis días son muy largos!

b **Mira** sus fotos de Instagram y **relaciona** cada foto con su estado.

a. Hora de levantarse.
b. A meditar.
c. ¿Para qué ducharme?
d. Para desayunar, fruta.
e. A trabajar.
f. Hoy quedo con amigos.
g. Me encanta comer con mis compis de trabajo.
h. ¿Qué hago para cenar?
i. ¿Qué me pongo hoy? Vestirme es siempre difícil.
j. No, hoy tampoco me lavo los dientes.
k. Hora de acostarse.
l. Cómo me gusta salir de casa por la mañana.
m. Hoy voy a trabajar en bicicleta.

 **c** Lee de nuevo el día a día de Luisita Guarrita de la actividad 2.a y clasifica los verbos en negrita en la tabla.

G → 13.3

VERBOS REFLEXIVOS		
Son los verbos que llevan pronombre reflexivo.		
Ducharse		
Yo	me	ducho
Tú	te	duchas
Él, Ella, Usted	se	ducha
Nosotros/as	nos	duchamos
Vosotros/as	os	ducháis
Ellos, Ellas, Ustedes	se	duchan

VERBOS REFLEXIVOS	OTROS VERBOS

 **d** Reflexiona con tu pareja. ¿Qué verbos de la tabla son regulares y cuáles son irregulares?

e Comenta con tu compañero/a dos diferencias de tu día y el día de Luisita.

Yo normalmente me despierto a las 10 de la mañana y no voy a trabajar en bicicleta.

¿Sí? Pues yo de lunes a viernes me despierto a las 7, pero nunca medito.

3 #GemelasDiferentes L → 1

Los autores del blog quieren escribir sobre el fin de semana de la hermana gemela de Luisita, que se llama Lupita Limpita. Para ello, buscan el perfil de Lupita en Instagram.

a Mira las fotos de Instagram y escribe qué hace en cada foto.

 **b** Imagina que eres un periodista, mira las imágenes de Instagram y escribe cómo es el fin de semana de Lupita.

4 ¿Qué hora es?

a Escucha el audio y con ayuda del reloj coloca las horas en la programación de la radio *JOVEN 33*.
nº 52

b Piensa una hora entre las once y las tres y escribe la hora en un papel. Tus compañeros tienen que adivinar qué hora es. ¡ATENCIÓN! Tú solo puedes contestar "más tarde" o "más temprano".

Para preguntar la hora
¿Qué hora es?
Disculpa, ¿tienes hora?
Perdone, ¿tiene hora?

Para dar la hora
Es la una de la mañana / tarde.
Son las diez de la mañana / noche.

G → 10

c Ahora entrevista a un compañero/a sobre su rutina diaria para el periódico *online Genial* y presenta su día a día al resto de la clase. Después, tenéis que decidir...

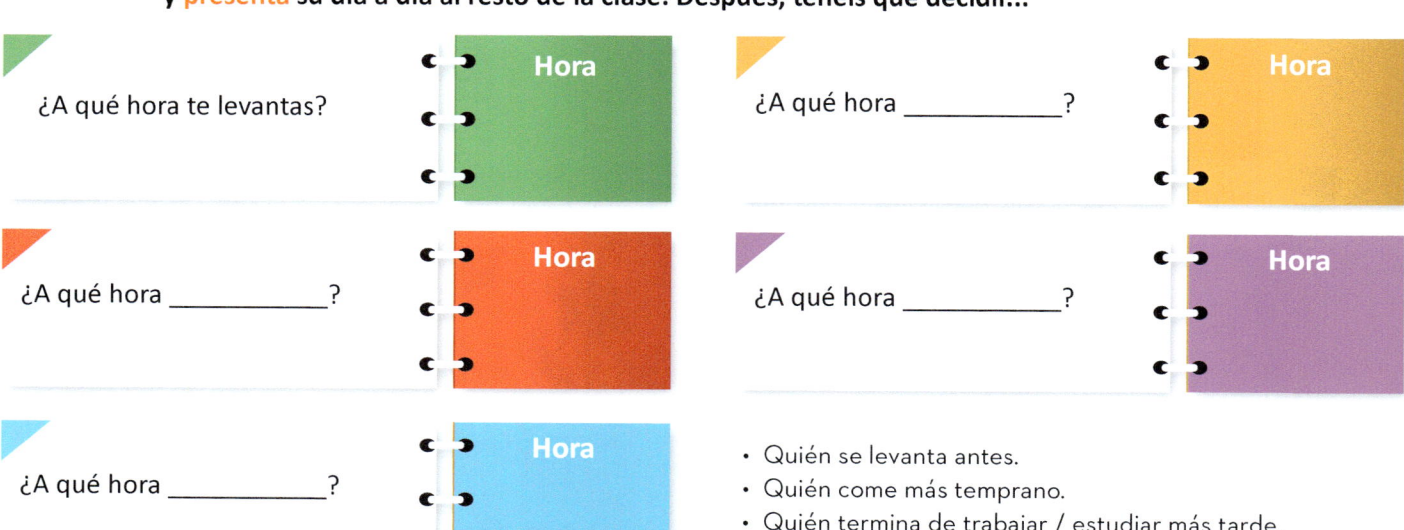

- Quién se levanta antes.
- Quién come más temprano.
- Quién termina de trabajar / estudiar más tarde.
- Quién se acuesta más tarde.
- Quién...

d Mira las fotos de estas personas, elige una de ellas y piensa lo que hace en su día a día. Después, escribe un texto para presentar al resto de la clase. Tus compañeros tienen que adivinar qué persona es.

Octavio: cura rapero Ana: probadora de hoteles de lujo Rodolfo: cuidador de una isla desierta Matilda: violinista en la sinfónica de Viena

5 *El hombrecito vestido de gris*

a Escucha e imagina la vida del *hombrecito vestido de gris*. ¿Cómo crees que es su carácter? Marca las palabras que lo definen.

nº 53

> Hay un **hombre** que siempre va **vestido** de gris.
> Tiene un traje gris, tiene un **sombrero** gris,
> tiene una **corbata** gris y **también** un **bigote** gris.
> El hombrecito **vestido** de gris hace cada día las mismas cosas.
> Se **levanta** con el sonido del despertador.
> Con la **voz** de la radio, hace un poco de gimnasia.
> Se ducha con agua **bastante** fría;
> desayuna, y su desayuno siempre está **bastante** caliente;
> toma el **autobús,** que siempre está **bastante** lleno;
> y lee el periódico, que siempre dice las mismas cosas.
> Y, todos los días, a la misma hora, se sienta en su mesa de la oficina;
> y empieza a **enviar** correos, sin **hablar**.
> Todos los días a la misma hora.
> Ni un minuto más, ni un minuto menos.
> Todos los días, igual.
> El despertador tiene cada mañana el mismo sonido.
> Y esto le dice que este día es exactamente igual que ayer.

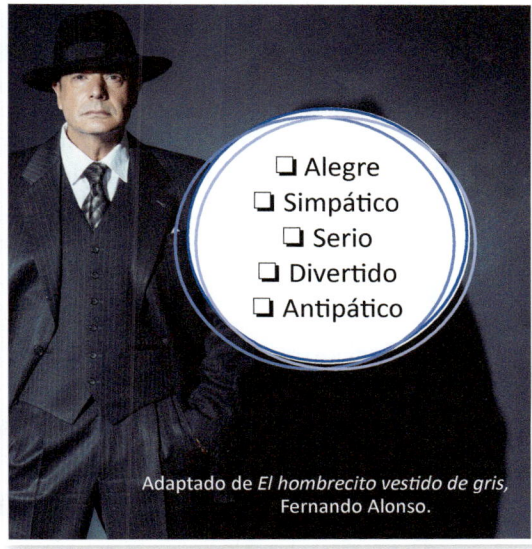

❏ Alegre
❏ Simpático
❏ Serio
❏ Divertido
❏ Antipático

Adaptado de *El hombrecito vestido de gris*, Fernando Alonso.

b Escucha el poema otra vez y comenta si la siguiente afirmación es verdadera o falsa:

nº 53

La pronunciación de las letras *b* y *v* no es exactamente igual, es un poco diferente.

c Mira las palabras subrayadas en el texto y completa las reglas ortográficas con *b* o *v*:

El sonido /b/ corresponde a las letras *b* y *v*

Cuando después del sonido /b/ hay una letra l, se escribe con _____.
Ejemplo: ha_lar

• Cuando después del sonido /b/ hay una letra r, se escribe con _____.
Ejemplo: hom_re

• Cuando antes del sonido /b/ hay una letra n, se escribe con _____.
Ejemplo: en_iar

• Cuando antes del sonido /b/ hay una letra m, se escribe con _____.
Ejemplo: som_rero

d Ahora imagina que el hombre se viste de otro color. ¿Cómo es su vida? Escribe un poema similar al anterior.

El hombrecito vestido de ...

6. Un capítulo y me acuesto #SerieAdictos

a Algunas aficiones pueden ser adictivas. **Mira** las fotos de estas tres personas: ¿A qué crees que son adictas?

b **Comenta** con tu pareja. ¿Sabes cómo es la vida de un adicto a las series? ¿Cómo imaginas que es su día a día?

c **Lee** este artículo del blog *Genial* y **responde** a estas preguntas.

8 acciones de un serie-adicto

Cada vez más jóvenes pasan horas delante de la pantalla de su ordenador. Ya no chatean, ya no navegan por Internet, ya no se bajan películas, ya no juegan a la Playstation. Ahora lo que hacen es ver series.
Las series televisivas son adictivas y mucha gente es serie-adicta.
Pero, ¿cómo es la vida de un serie-adicto?

1. A veces, los sábados se queda en casa para ver capítulos atrasados y no sale con sus amigos.
2. Le encantan los lunes, porque puede ver capítulos nuevos.
3. Siempre dice "un capítulo más y me voy a la cama" tres veces antes de acostarse.
4. Le gusta hablar con amigos que ven las mismas series que él.
5. Dice cosas que dicen los personajes de sus series favoritas.
6. Ve, por lo menos, 5 series al mismo tiempo.
7. Tiene un calendario de series para saber cuándo salen los nuevos capítulos de cada serie.
8. La banda sonora de su vida es la banda sonora de su serie favorita.

¿Qué prefieren hacer los serie-adictos los fines de semana?
¿Qué problema tienen por la noche los serie-adictos?
¿Cuántas series ven al mismo tiempo los serie-adictos?
¿Cómo saben cuándo sale el nuevo capítulo de su serie favorita?

d ¿Y tú? ¿Eres un serie-adicto? **Pregunta** a tus compañeros con qué frecuencia ven series o películas y **completa** la tabla. Después, **explica** a la clase quién de tus compañeros es un serie-adicto y quién no lo es.

- ¿Prefieres ver series o películas?
- Me gusta ver series, pero prefiero ver películas en el cine.
- ¿Con qué frecuencia ves series?
- Veo series a veces.

Compañero	¿Qué ves…?	Nunca	Casi nunca	A veces	Normalmente	Todos los días

7 Aficiones adictivas L → 3

a ¿Conoces otras aficiones adictivas? **Comenta** con tus compañeros.

> Mi hermano es adicto al deporte, todos los días va al gimnasio 2 o 3 horas.

> Mucha gente es adicta al móvil. Necesita mirar el móvil cada dos minutos.

Para expresar frecuencia

Utilizamos las siguientes expresiones:

siempre   normalmente
casi siempre   a veces
todos los días   casi nunca
nunca

G → 10

b  En el programa de radio *Españoles hoy* hablan de las adicciones más comunes. **Escucha** Rober, Juancho y Joanna hablar de su día a día y **relaciona** los nombres con las imágenes.

Adicto a las compras   Adicto a los tatuajes   Adicta a la adrenalina

c **Piensa** en una afición adictiva y **escribe** un texto para el periódico *Genial*. Después, **escucha** la descripción de tus compañeros y **adivina** la afición de la que hablan.

d **Comenta** con tu pareja. ¿Tienes alguna afición adictiva? ¿Son un problema? ¿Crees que una afición adictiva es un problema?

> Yo creo que comprar ropa todos los días puede ser un problema si no eres rico.

> Yo creo que la adicción a los videojuegos puede ser mala para los ojos. Además, los adictos a los videojuegos no son muy sociables.

8 Compartir es vivir

Emily y Alexandre deciden ir a Bogotá a hacer un curso intensivo de un mes. Cuando llegan, quieren conocer a gente colombiana y miran la página de *Meetup*.

a ¿Sabes qué son los *meetups*? **Mira** este anuncio de la página web y **comenta** con tu pareja. ¿Te parece buena idea?

Los *Meetups* son:
Personas que se juntan para aprender algo, hacer algo, compartir algo...

Todos los Meetups ▼   en un rango de 8 km ▼   de Bogotá, Colombia ▼

b Lee cómo son Emily y Alexandre y busca un plan de *Meetup* para este fin de semana.

"A mí me encanta la naturaleza. Quiero levantarme pronto y caminar, ir a ver animales, hacer fotografías en el campo, hacer deporte... Me gusta mucho el aire libre."

"A mí me gustan la informática, la literatura, el cine, la música. Quiero..., no sé, quiero ir a un concierto, conocer a gente con intereses culturales, ir al cine. No me gusta nada madrugar."

Meetup
www.meetup.com

SÁBADO, 14 DE MARZO

7:30	**Bogotá senderismo en la naturaleza.** Excursión al pico.	
8:00	**Club de Yoguis.** Tu sesión de yoga de cada sábado.	
9:00	**Club de Aventura.** Este sábado nos juntamos para hacer *Kayaking*.	
10:15	**Club de fotografía**	
17:20	**Amantes de la literatura colombiana.** Club de lectura: Esta semana: Héctor Abad Faciolince.	
20:30	**Idiomarte.** Concierto de jazz y practicamos idiomas.	
21:00	**Astronomía Bogotá.**	

c Emily mira la página y llama a Alexandre para ofrecerle un plan de fin de semana. ¿Qué plan crees que es?

d Escucha y responde a las preguntas.
nº 55

1. ¿Qué quiere hacer Emily?
2. ¿Qué quiere hacer Alexandre?
3. ¿Qué deciden hacer juntos?

e ¿Y tú? ¿Qué plan quieres hacer? Piensa en una ciudad que quieres visitar y mira la página. Después, invita a tu pareja a ir contigo. ¿Le gusta tu plan?

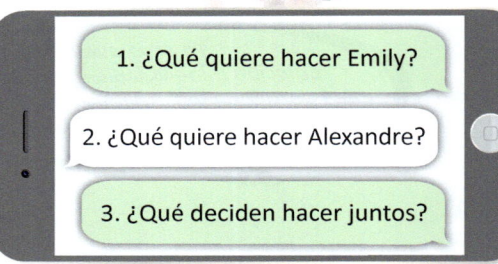

¿Qué quieres hacer este sábado?

Este sábado quiero hacer yoga en el Club de Yoguis en Bilbao. ¿Y tú?

Para preguntar por planes o intenciones

¿Qué haces este fin de semana?
¿Qué quieres hacer este fin de semana?

Para proponer un plan

¿Quieres ir al cine?
¿Por qué no vamos al cine?
¿Vamos al cine?

Para expresar intenciones

Querer + infinitivo

El sábado quiero dormir por la mañana.

G → 13.8 y 13.9

UNA TERAPIA POCO MILAGROSA

A escena

1 En el corto una chica habla sobre sus problemas de pareja. ¿Qué opinas tú? **Imagina** que tu pareja hace estas cosas: ¿Te gustan? 😍 ¿Te molestan? 😡 ¿Te dan igual? 🤔 **Completa** la tabla. Después, **compara** tus respuestas con las de tus compañeros.

	¡ME GUSTA! 😍	¡ME DA IGUAL! 🤔	¡NO ME GUSTA! 😡
Mira mucho el *Facebook*			
Nunca dice gracias			
Usa mucho el móvil			
Vais siempre a los bares con sus amigos/-as			
Trabaja poco y tú haces su trabajo			
Se va de fiesta con sus compañeros/-as de trabajo			

2 **Mira** el corto hasta "¿Qué pasa a continuación?" y **responde**:

> ¿Crees que ella está... contenta / triste / enfadada?
> ¿Qué cosas no le gustan a la chica de su pareja?

3 **Compara** con tus respuestas. ¿Son las mismas cosas?

4 ¿Qué pasa después? **Escribe** un diálogo con tus compañeros y **representa** la escena en clase.

5 ¿Y tú usas mucho el móvil? **Debate** con tus compañeros. ¿Quién puede vivir sin móvil? ¿Quién no puede?

CULTURA

Dentro del mundo hispanohablante

¡Qué onda wey!

1 **Mira** las imágenes sobre las costumbres de un país del mundo hispano. **Relaciona** cada información con una imagen. ¿Sabes qué país es? En este país del mundo hispano…

1. Cuando las chicas cumplen 15 años, celebran la fiesta de los 15 con familia y amigos
2. Escuchan a los mariachis en las celebraciones
3. Celebran el día de los muertos el 1 y el 2 de noviembre
4. Comen con mucho picante
5. Beben tequila

a

b

c

d

e

2 **Mira** el vídeo https://tinyurl.com/CulturaUnidad7 y **comprueba**.

3 ¿Sabes qué es un estereotipo? ¿Crees que algunas de las informaciones anteriores son estereotipos? ¿Cuáles hay sobre tu ciudad, país o cultura?

4 ¿Qué costumbres hay en tu país? **Presenta** las costumbres de tu país o de un país del mundo hispano al resto de la clase. Puedes utilizar imágenes.

SABES QUE…?
En México, para saludar a alguien informalmente puedes decir: ¡Qué onda wey!

PROYECTO

Planes geniales

1 Vais a crear un grupo de *Meetup* en clase. En grupos, completad la página.

¿Cuál es la ciudad de vuestro grupo de *Meetup*?

¿Cómo se llama vuestro grupo?

¿Cuáles son las actividades de vuestro grupo de *Meetup*? ¿Cuándo se hacen?

2 **Presentad** vuestro grupo. ¿Qué grupos tienen más éxito en la clase?

¡Recuerda y comprueba!

Reflexiona. Utiliza los números de los emoticonos para evaluar tus conocimientos.
Comenta con tus compañeros.

1. Lo sé todo, ¡soy genial!

2. Tengo que estudiar un poco más

3. Necesito repasar

PUEDO
- ☐ Hablar de mi vida cotidiana
- ☐ Hablar de mis aficiones
- ☐ Preguntar y decir la hora
- ☐ Proponer y expresar planes e intenciones

¡Genial!

CONOZCO
- ☐ El nombre de muchas aficiones
- ☐ Expresiones de frecuencia
- ☐ Verbos de rutina

¡Genial!

COMPRENDO
- ☐ Los verbos irregulares en presente
- ☐ Los verbos reflexivos
- ☐ Las expresiones con *querer + infinitivo*

¡Genial!

BANCO LÉXICO

 1 Estos son algunos momentos de un día normal en la vida de Nuria y Luis. **Escribe** debajo de cada imagen la acción correspondiente. ¡Sobran dos!

| Lavarse los dientes | Despertarse | Trabajar | Vestirse | Hacer ejercicio / deporte |

| Ir a clase | Leer | Dormir | Bañarse / Ducharse | Desayunar | Afeitarse |

1. _____
2. _____ 
3. _____ 
4. _____ 
5. _____ 
6. _____ 
7. _____ 
8. _____ 
9. _____ 

 2 ¿Cómo es un día de tu vida? **Escribe** un breve texto.

BANCO LÉXICO

3 **Mira** estas expresiones de frecuencia en español.

Los fines de semana	Casi	Mucho / Poco
Voy a clases de danza los fines de semana.	Todos los días Todos los + día de la semana Todas las tardes Todas las noches Estudio francés todos los días. Toco la guitarra todos los martes. Casi todas las tardes salgo a correr.	Leo mucho. Paco estudia poco.
De… a…	**Los + día**	**Nunca**
De lunes a viernes tengo clases.	Los domingos como con mi familia.	No voy al gimnasio (casi) nunca.

4 **Completa** la tabla con estas expresiones:

\+ Siempre · Casi siempre · Normalmente · A veces · Casi nunca · Nunca −

Me levanto a las 6:00 de **lunes a viernes** Yo no, **nunca** me levanto a las 6:00. **Normalmente** me levanto a las 9:00.	Trabajo de **lunes a viernes.** Yo también.
Estudio español **casi todos los días.** Yo	Hago ejercicio poco, **casi nunca** voy al gimnasio. Yo
Me ducho **los martes y los jueves.** Yo	**Casi todas las noches** veo una serie. Yo
A veces los martes voy al cine. Yo	No desayuno **casi nunca**. Yo

5 Ahora **completa** estas frases.

1. Mi mejor amigo/siempre _____
2. Mi madre nunca _____
3. Mi profesor/a a veces _____
4. Todos los días _____
5. Los viernes casi _____
6. Normalmente los martes _____

3 palabras útiles de esta unidad:
1.
2.
3.

107

unidad 8
Aquí empiezan tus vacaciones

En esta unidad vamos a aprender a...
- organizar un viaje
- hablar de planes e intenciones
- descubrir qué tipo de viajero eres
- hablar del clima y la ropa

1 Tu agencia de viaje *online* #MisVacaciones

a Vamos a ayudarte a organizar las vacaciones. ¿Sabes adónde quieres ir?

Quiero ir a...

108

 **b** Tres personas llaman al servicio de atención al cliente de la página web www.misvacaciones.com para pedir más información. **Escucha** las conversaciones y **marca** con una X la sección de la página que le interesa a cada cliente.

nº 56

MIS VACACIONES

 Reserva de hotel

 Alquiler de coches

 Compra de billetes

Audio 1 ❏	Audio 1 ❏	Audio 1 ❏
Audio 2 ❏	Audio 2 ❏	Audio 2 ❏
Audio 3 ❏	Audio 3 ❏	Audio 3 ❏

 **c** **Piensa** en tus próximas vacaciones y **comenta** con tu compañero/a. ¿Utilizas Internet para preparar tus viajes? ¿Qué páginas utilizas?

 d ¿Qué sección de la página web te interesa más?

 e **Busca** con tu compañero/a en Internet y **escribe** el nombre de tres agencias de viajes del mundo hispanohablante. ¿Cuál te gusta más? **Preséntala** a la clase.

1

2

3

109

2 Las vacaciones de Pepe Luis

Pepe Luis es un *influencer* y bloguero muy conocido en España. Está de vacaciones y ha escrito en su blog.

> **Sabes que...?**
> *Influencer*: persona que tiene mucha influencia y crea tendencia.

a **Lee** la última entrada en su blog. ¿Sabes en qué país está?

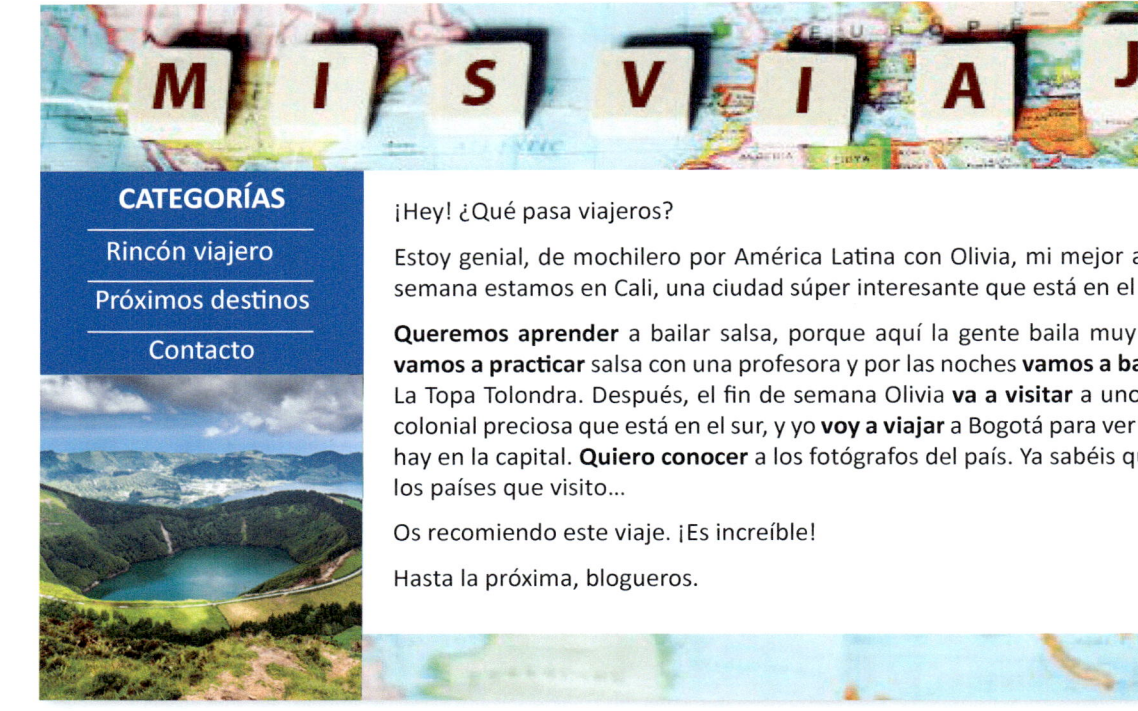

MIS VIAJES

CATEGORÍAS
Rincón viajero
Próximos destinos
Contacto

¡Hey! ¿Qué pasa viajeros?

Estoy genial, de mochilero por América Latina con Olivia, mi mejor amiga. ¡Un viaje alucinante! Esta semana estamos en Cali, una ciudad súper interesante que está en el sur del país.

Queremos aprender a bailar salsa, porque aquí la gente baila muy bien. Por eso, por las mañanas **vamos a practicar** salsa con una profesora y por las noches **vamos a bailar** a una discoteca que se llama La Topa Tolondra. Después, el fin de semana Olivia **va a visitar** a unos amigos a Popayán, una ciudad colonial preciosa que está en el sur, y yo **voy a viajar** a Bogotá para ver una exposición de fotografía que hay en la capital. **Quiero conocer** a los fotógrafos del país. Ya sabéis que me encanta ver fotografías en los países que visito...

Os recomiendo este viaje. ¡Es increíble!

Hasta la próxima, blogueros.

Saber más...

> **Sabes que...?**
> "Autobús" se dice de muchas formas diferentes según el país o la región. Por ejemplo, en Canarias (España) se dice *guagua* y en Chile, *micro*.

G → 13.8 y 13.9

Planes e intenciones

Para hablar de los planes que tenemos utilizamos **ir + a + infinitivo**
Voy a viajar a Bogotá.
Olivia va a visitar a unos amigos.

Para hablar de intenciones utilizamos **querer + infinitivo**
Queremos aprender a bailar salsa.

b **Lee** de nuevo el texto y **escribe** cada plan debajo de su imagen ¿Cuál te parece más interesante? ¿Por qué?

1. _____   2. _____   3. Visitar a unos amigos en Popayán   4. _____

c **Imagina** que estás de viaje con tus compañeros. **Escribe** una entrada en tu blog y **explica** lo que vas a hacer en ese lugar, no puedes decir el nombre del destino, porque ellos tienen que adivinar dónde estás.

unidad 8

3 Viaje al fin del mundo #MisVacaciones

a **Mira** la página web www.compisdeviaje.com. ¿Qué crees que puedes encontrar en ella?

COMPIS DE VIAJE

Inicio | Eventos | Viajes en tren | Viajes en barco | Viajes en coche | Viajes en autobús

ÚLTIMOS POSTS

KIM1955
¿Alguien por Melbourne en diciembre?

LSK
Voy a estar en Bali en octubre por una semana.

GARETH
En dos semanas voy a visitar la India.

VICTORIA
¿Alguien va a estar en Portugal el 16 de octubre?

ÚLTIMOS VIAJES EN TREN

Viaje en tren por la India
750€

b Esta página pone en contacto a personas que quieren viajar juntas. **Lee** los planes que tienen estos viajeros. ¿Cuál te interesa más? ¿Por qué? **Pregunta** a tus compañeros. ¿A quién le interesa el mismo viaje que a ti?

COMPIS DE VIAJE

Inicio | Eventos | Viajes en tren | Viajes en barco | Viajes en coche | Viajes en autobús

VIAJES EN TREN | **VIAJES EN BARCO** | **VIAJES EN AUTOBÚS** | **VIAJES EN COCHE** | **CAMPINGS**

Hola, me llamo Jorge y con mi amiga Marta vamos a hacer una ruta en tren por Sudamérica. ¿Quieres venir?

Voy a hacer un crucero por el Mediterráneo en un barco grande con piscina y con muchos restaurantes.

Centroamérica en autobús: voy a hacer un viaje en autobús desde México hasta Panamá.

¡*Road trip* a la española! Dos amigos vamos a recorrer en coche los pueblos y ciudades de Andalucía. ¿Vienes con nosotros?

Glamping en Argentina: camping de lujo con mucho encanto. ¡Disfruta de la naturaleza!

111

 **c** Necesitáis un compañero/a más para vuestro grupo de viaje. **Lee** los mensajes de estas cuatro personas y **decidid** cuál de los siguientes viajeros puede ir con vosotros.

COMPIS DE VIAJE

 4 COMENTARIOS

> **¡Estrategia!**
> Subraya en cada mensaje las palabras clave a favor o en contra de elegir a esa persona para vuestro viaje.

Luis

¡Hola, viajeros! Mi nombre es Luis. Soy un apasionado de los viajes en grupo y me encanta conocer gente nueva. Lo que más me gusta es descubrir Europa, pero a veces viajo a otros continentes. Soy muy organizado y me encanta preparar el viaje: leer sobre los lugares a los que voy, mirar bien el itinerario, buscar hoteles donde dormir...

Sara

¡Hola! Me llamo Sara y busco gente para viajar por el mundo. Me interesan mucho la arquitectura, la gastronomía y los pueblos con encanto. Eso sí, para mí es muy importante dormir en buenos hoteles y comer en restaurantes exclusivos. ¡Y alguno con estrella Michelin! ¿Quién se anima?

Toño

Soy Toño, un gran aficionado a los viajes y a la fotografía. Viajo para conocer gente y lugares nuevos, pero también para fotografiar todo lo que veo y después compartirlo con mis compañeros de viaje. Me gusta viajar en tren, en barco, en avión..., pero siempre con mi cámara y con buena compañía. También me gusta visitar exposiciones, sobre todo de fotógrafas femeninas, como Lola Álvarez o Sara Facio.

Julieta

¡Hola, mochileros! Soy Julieta, una enamorada de los viajes y de mi mochila. Me encanta recorrer el mundo, vivir aventuras, conocer a gente nueva, improvisar y probar platos diferentes. ¡Quiero viajar a los cinco continentes!

> A Centroamérica prefiero ir con Julieta, porque parece muy aventurera y Luis no.

> Pues yo prefiero ir con Sara, porque le gusta comer en buenos restaurantes.

unidad 8

d Vas a preparar un viaje de quince días con tus compañeros al lugar que preferís del la actividad 3b. **Escribe** el nombre de cada objeto con el dibujo correspondiente.

___ maleta
___ prismáticos
___ móvil
___ gafas de sol
___ reloj
___ billetes de avión
___ guía de viajes
___ mapa
___ pasaporte
___ tarjetas de crédito
___ cámara acuática
___ cámara
___ sombrero

e Este es un viaje un poco especial, solo podéis llevar tres cosas para los quince días. **Comenta** con tu pareja qué cosas de la imagen anterior necesitáis para hacer vuestro viaje.

Para viajar quince días a .... necesitamos ....

f En el *podcast* semanal de www.compisdeviaje.com hablan de diferentes tipos de viajeros. Para ello, hablan con tres personas distintas. **Mira** las fotos de estos viajeros. ¿Qué crees que les gusta hacer cuando viajan?

1. A Rodolfo...   2. A Lulú...   3. A Antonio...

g Escucha y completa con la información de cada persona.

nº 57

¿Para qué viaja?

Rodolfo
Lulú
Antonio

> **Finalidad**
> Con **para + infinitivo** expresamos finalidad.
> *Viajo para conocer gente nueva.*
> *Viajo para salir de la ciudad.*
>
> G → 12.2

h **Reflexiona**. ¿Qué tipo de viajero eres? ¿Para qué viajas? ¿Con qué opinión coincides más?

Yo viajo para conocer a gente nueva, para hacer amigos.

Pues yo viajo para salir de la ciudad. Me encanta el campo.

4 Ropa de moda

 a Mira la foto de Adela. ¿Cuál crees que es su profesión? ¿Dónde está?

 **b** Escucha este *podcast* de Adela y comprueba. ¿A qué se dedica?
nº 58

c Adela nos habla de la ropa en diferentes momentos del día. Relaciona cada prenda con su nombre, después escucha y clasifica la ropa para cada momento del día.
nº 59

Adela a la moda, profesión _____

a. Falda   b. Vestido   c. Camiseta
d. Camisa e. Pantalones f. Vaqueros
g. Jersey h. Zapatos i. Bolso

Por la mañana

Al mediodía

Por la tarde

Por la noche

d Imagina que estás en estas situaciones. ¿Qué ropa y qué colores llevas? Completa la tabla. Después pregunta a tu pareja y compara.   L → 1 y 3

Situación	Yo	Mi pareja
Una boda en la playa		
Una reunión de trabajo por la mañana		
Una cena con los padres de tu novio/a		
El concierto de tu grupo favorito		
Una comida oficial con el presidente de tu país		

Para cenar con los padres de tu novio, ¿qué llevas?

Yo, para cenar con los padres de mi novio llevo un vestido.

Pues yo un pantalón blanco y una chaqueta morada.

5 La semana de la moda

Adela y su amigo Emilio van a ir a un desfile de moda muy importante y buscan ropa en Internet mientras toman un café.

a **Completa** las descripciones de la página de *Cara*.

b **Escucha** a Adela hablar con su amigo Emilio y **marca** la ropa que van a comprar.
nº 60

c **Imagina** que tú vas al desfile. ¿Qué compras en la página de *Cara*?

d Adela toma estas fotos en el desfile para ponerlas en su blog. **Mira** las fotos y **adivina**. ¿Es la colección de primavera-verano o es de otoño-invierno?

Colección de...

1  2  3  4

e **Ayuda** a Emilio a escribir sobre el desfile en el blog. **Describe** a uno de los modelos de las fotos anteriores y el resto de la clase tiene que adivinar quién es.

unidad 8

6 #RopaInteligente

Hepta es una marca de ropa para mujeres viajeras que quieren tener muchas posibilidades en una sola.

a Mira las fotos y completa el anuncio como en el ejemplo.

| Hepta, la prenda inteligente | Hepta es un pantalón largo | y una… | Hepta también es… | y una… |

b Cada grupo elige un tipo de ropa y tiene que crear diferentes opciones. Dibujad y escribid un anuncio para vuestra idea.

c Preparad una presentación para el resto de la clase.

7 ¿A la playa o a la montaña?

a Imagina que encuentras a tu compañero/a de piso con estas maletas. ¿Adónde crees que va? ¿A a la playa, a la montaña o a una ciudad? ¿Es un lugar donde hace buen tiempo o mal tiempo?

1    2    3

b En la página web www.misvacaciones.com puedes encontrar información sobre el clima de diferentes destinos de vacaciones. Completa la ficha del clima de estos lugares. Después, escucha para comprobar tus respuestas.

nº 61

En _____ hace frío todo el año.
En _____ hace mucho calor en agosto.
En _____ nieva en julio.
En _____ llueve mucho en todo el año.
En _____ hace sol todo el año.
En _____ hace viento todo el año.

Lugares
Patagonia
Bogotá
Finisterre
Sevilla
Fuerteventura
La Paz

c Imagina que vas a estos sitios de vacaciones. ¿Allí ahora es verano, primavera, otoño o invierno? ¿Qué tiempo hace ahora? ¿Qué ropa llevas?

VIAJE A ALGUNA PARTE

A escena

1 Los protagonistas de esta historia preparan un viaje. ¿Adónde quieren ir? **Mira** el primer minuto de vídeo y **marca** los destinos de los que hablan.

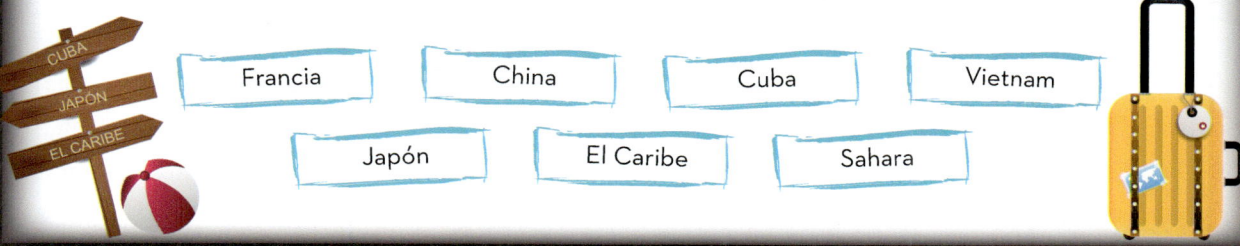

- Francia
- China
- Cuba
- Vietnam
- Japón
- El Caribe
- Sahara

2 Ahora **mira** el vídeo hasta "¿Qué pasa a continuación?" y **relaciona** los personajes con los objetos que quieren llevar al viaje.

3 Con estos objetos, ¿adónde crees que van? **Explica** por qué.

4 **Escribe** con tus compañeros la continuación de la historia y **represéntala** en clase.

5 **Mira** el corto completo e **imagina** qué ocurre después.

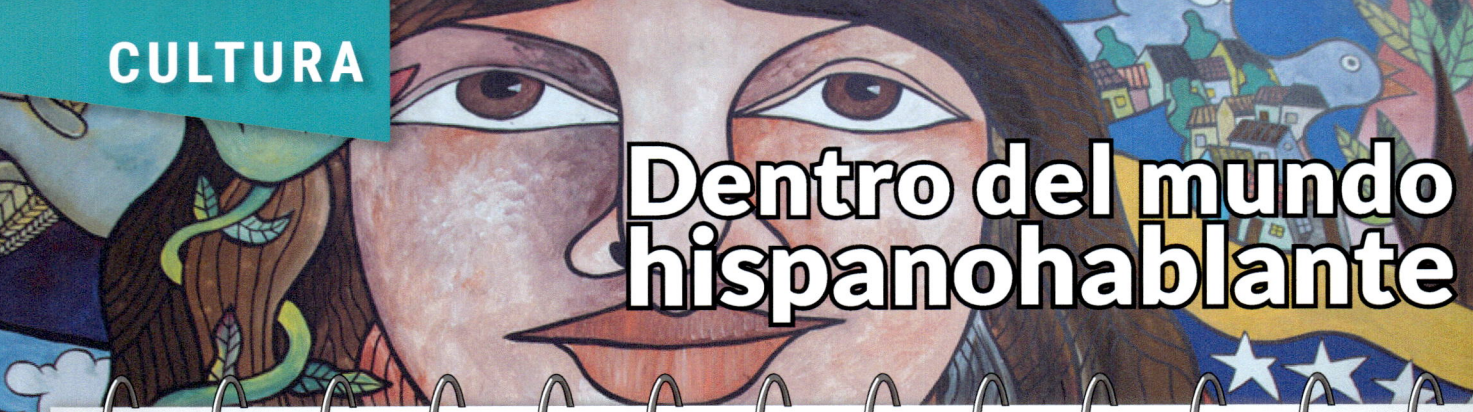

CULTURA

Dentro del mundo hispanohablante

Un destino chévere

1 **Mira** el vídeo y **escucha** la canción https://tinyurl.com/CulturaUnidad8. **Completa** la letra del estribillo:

Bienvenido a ....
Visita nuestra tierra
Sentarte con mi ....
Que de alegría me llena
Visita la emoción
El .... o el ....
Visita la alegría
Que te llena el corazón

Bienvenido a ....
Aquí la gente es buena
Disfruta de esta ....
De todas la más bella
Disfruta la emoción
El .... o el ....
Visita la alegría
Que te llena el corazón

2 Vuelve a ver el vídeo y **relaciona** el nombre de cada lugar con la foto. ¿Dónde hace frío y dónde hace calor?

a

b

c

d

1. Pico Bolívar

2. Isla Margarita

3. Parque Canaima

4. Gran Sabana

3 En parejas, **imaginad** que vais a viajar a Venezuela. Elegid dos destinos, la ropa y los objetos que lleváis en vuestro equipaje.

¿Sabes que...?

Cuando algo es muy bueno, los venezolanos dicen que es **chévere**.

PROYECTO

La página de mi ciudad

1 Imagina que un amigo tuyo tiene una página de viajes y te pide ayuda para crear la sección sobre tu ciudad. Tu amigo necesita información para completar estas cuatro secciones:

1 ¿Qué ver?
Atractivos turísticos (monumentos/playas/…)

2 ¿Dónde dormir?
Hoteles, campings, casas rurales, …

3 ¿Dónde comer?
Restaurantes

4 ¿Cómo llegar?
Formas de transporte

2 Elige fotos y crea un mural. Puedes hacer un mural analógico o un mural utilizando la aplicación Glogster.

¡Recuerda y comprueba!

Reflexiona. Utiliza los números de los emoticonos para evaluar tus conocimientos. **Comenta** con tus compañeros.

1. Lo sé todo, ¡soy genial!

2. Tengo que estudiar un poco más

3. Necesito repasar

PUEDO
- ☐ Organizar un viaje y encontrar compañeros de viaje por Internet
- ☐ Hablar de planes e intenciones
- ☐ Describir cómo va vestida una persona

¡Genial!

CONOZCO
- ☐ Vocabulario sobre la ropa
- ☐ Vocabulario sobre el clima
- ☐ Diferentes tipos de viajes

¡Genial!

COMPRENDO
- ☐ La expresión *ir + a + infinitivo*
- ☐ La expresión *querer + infinitivo*
- ☐ La expresión *para + infinitivo*

¡Genial!

BANCO LÉXICO

1 Mira esta ropa, relaciona con un nombre y una descripción.

1. _____ 2. _____ 3. _____

4. _____ 5. _____ 6. _____

7. _____ 8. _____ 9. _____

Un Una Unos Unas	falda vestido camisa pantalones vaqueros	jersey zapatos bolso camiseta	de	fiesta hombre/mujer
				corto/a/s largo/a/s bonito/a/s

2 ¿Qué ropa hay en tu armario? Con el vocabulario anterior, describe qué ropa es tu preferida.

BANCO LÉXICO

3 **Recuerda** los colores en español y **completa** estas frases.

Un vaso de té _____

Dos pimientos _____

Una novela _____

Un perro _____

La casa _____

Un lazo _____

Una bicicleta _____

Tiene los ojos _____

Unas gafas _____

 4 Ordena las letras y **escribe** nombres de medios de transporte. Después, escribe cómo se dicen en tu lengua.

1. TENR: .... → ....
2. VIAÓN: .... → ....
3. TOBÚSAU: .... → ....
4. BCOAR: .... → ....
5. CCHEO: .... → ....

3 palabras útiles de esta unidad:
1.
2.
3.

Cuaderno de actividades

UNIDAD 1

1 Estos son los pronombres personales en español. Escribe cómo se dicen en tu lengua.

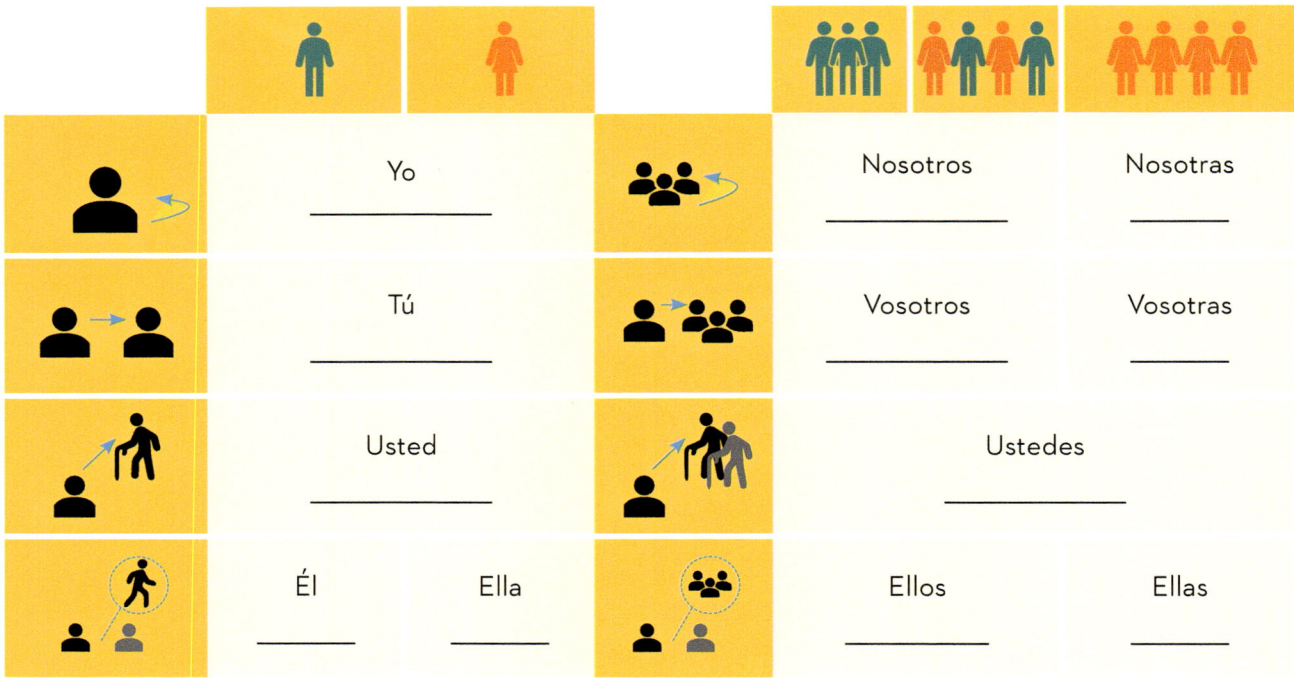

2 Escribe las preguntas a estas respuestas.

a. ....
Me llamo Javier, ¿y tú?

b. ....
Yo soy español y ella es argentina.

c. ....
Yo estoy bien, ¿y tú?

d. ....
Se escribe ele, i, eme. Lim.

e. ....
No sé. Creo que es coreano.

f. ....
Él se llama Jonathan y ella se llama Lydia.

CUADERNO DE ACTIVIDADES

3 Completa la conversación con la forma adecuada del verbo ser.

> somos   eres   es   soy

Yo ____ Karen. ¿Y tú?

Mira, mamá. Él ____ Sergio.

¡Hola! ¿Tú ____ Ana, la nueva compañera?

¡Hola! Erick y yo _____ los nuevos alumnos de la clase de español.

4 Estas palabras tienen sus letras desordenadas. Piensa y escribe la palabra correcta. Después, escucha y comprueba.

nº 62

erre / e / erre / pe / o

a / elle / e / te / o / be

ele / u / te / efe / o / be

de / erre / i / e / ene / o

a / erre / jota / a / ene / ene / a

e / ce / o / ce / hache

CUADERNO DE ACTIVIDADES

5 ¡A jugar! Escribe X en 10 casillas. Tu pareja te hace preguntas y debe adivinar dónde las tienes.

MI TABLA	Nosotras	Juan y Pablo	Yo	Hannah	Tú	Vosotros
Trabajar						
Ser						
Vivir	X					
Tener						
Hablar						
Estudiar						
Aprender						

LA TABLA DE MI COMPAÑERO	Nosotras	Juan y Pablo	Yo	Hannah	Tú	Vosotros
Trabajar		X				
Ser						
Vivir						
Tener						
Hablar						
Estudiar						
Aprender						

¿Juan y Pablo trabajan?

No

¡Sí!, pongo una equis. ¿Hannah vive?

6 ¿Cómo se dicen en tu lengua estas expresiones? Escribe en la tabla.

Hola		Hasta mañana	
¿Qué tal?		¿Qué significa esto?	
¿Cómo se dice esto?		¿Puedes repetir?	
Hasta luego		Adiós	

CUADERNO DE ACTIVIDADES

UNIDAD 2

1 ¿Quiénes son tus mejores amigos? **Presenta** a tres amigos importantes en tu vida. ¿Cómo se llaman? ¿Cuántos años tienen? ¿De dónde son? ¿A qué se dedican? ¿Qué lenguas hablan?

> Mi amigo Yann tiene 36 años, es de Francia y es profesor. Él habla francés, inglés y un poco de japonés…

2 **Completa** las preguntas de las siguientes respuestas.

1. ....
   Tengo 90 años.
2. ....
   Somos de Portugal.
3. ....
   Soy ingeniero.
4. ....
   Yo español, ella habla español, italiano y francés.
5. ....
   Sí, es carla.truni@gmail.com
6. ....
   Pedro Manuel Martín Santos.
7. ....
   ¿Mis compañeras de trabajo? Mary, Chris y Margaret.

3 La revista *Femenino plural* publica en su blog esta lista de mujeres importantes del mundo hispanohablante. **Habla** con tu pareja y **completa** la lista con las descripciones.

| Científica | Española | Cocinera | Colombiana | Actriz | Argentina |

Carme Ruscalleda

Sofía Vergara

Andrea Gamamik

CUADERNO DE ACTIVIDADES

4 **Conjuga** los siguientes verbos regulares en español. Después, **completa** el texto con el presente de los verbos entre paréntesis.

	Llegar	Leer	Recibir
Yo	Lleg	Le	Recib
Tú	Lleg	Le	Recib
Él, Ella, Usted	Lleg	Le	Recib
Nosotros/as	Lleg	Le	Recib
Vosotros/as	Lleg	Le	Recib
Ellos, Ellas, Ustedes	Lleg	Le	Recib

En las clases de español, cada alumno tiene su ritmo. Yo, por ejemplo, siempre ……………… (*llegar*) temprano, pero otros compañeros ……………… (*llegar*) tarde todos los días. La profesora no deja entrar a los alumnos que ……………… (*llegar*) más de quince minutos tarde.

Cuando mi amigo Mesut ……………… (*llegar*) temprano, siempre ……………… (*leer*) el periódico en el móvil. Otros alumnos ……………… (*leer*) los mensajes que ellos ……………… (*recibir*) en el móvil o, simplemente, ……………… (*hablar*) con sus amigos.

5 **Escribe** el sujeto de los siguientes verbos.

Tomamos	Nosotros/as	**Salta**	
Corréis		**Vivo**	
Fumáis		**Cantan**	
Organizamos		**Abres**	
Bebéis		**Suben**	
Escribes		**Camino**	
Compras		**Vemos**	
Vendemos		**Recibe**	

6 **Escribe** el infinitivo de los verbos de la actividad anterior en los grupos y su significado en tu lengua.

-ar	Significa	-er	Significa	-ir	Significa

128

CUADERNO DE ACTIVIDADES

7 **Transforma** estas expresiones informales en formales.

INFORMAL	FORMAL
¿Cómo está usted?	....
¿Cómo te llamas?	*¿Cómo se llama?*
¿Tienes correo electrónico?	....
¿Cuál es tu número de teléfono?	....
¿Hablas inglés?	....

8 **Escucha** las siguientes palabras y **completa** con *m, n* o *ñ*.

n° 63

1. Ca___a
2. Mu___eco
3. ___uevo
4. Mo___o
5. Mele_a
6. Pe___a
7. Ni___o
8. Caba___a
9. Pal___a
10. Ba___o

9 **Completa** con la forma en presente de los siguientes verbos.

| Llegar | Buscar | Aprender | Leer | Recibir | Escribir |

1. Nosotros _____ trabajo en España.
2. Ellos _____ muchos regalos todos los años.
3. Mi hermano _____ un mensaje a mi madre.
4. Bruce _____ todas las noches los libros de Harry Potter.
5. Mis padres _____ esta noche a la casa.
6. ¿_____ a tocar la guitarra? ¿Sin profesor?

10 **Relaciona** a estos personajes con sus profesiones y **completa** la lista con otras dos personas argentinas.

1. Leo Messi   a. política y actriz
2. Mercedes Sosa   b. futbolista
3. Julio Cortázar   c. actor
4. Eva Perón   d. escritor
5. Ricaro Darín   e. cantante
6. ....   f. ....
7. ....   g. ....

CUADERNO DE ACTIVIDADES

11 ¿De dónde son estas banderas? Escribe.

 1
 2
 3
 4
 5
 6

 7
 8
 9
 10
 11
 12

PAÍS	NÚMERO	MASCULINO FEMENINO	MASCULINO	FEMENINO	MASCULINO PLURAL	FEMENINO PLURAL	IDIOMA
Australia			australiano	australiana	australianos	australianas	inglés
Brasil		-a / -o		brasileña			
República Checa				checa			
Alemania		-consonante / -consonante + a	alemán	alemana	alemanes	alemanas	alemán
Inglaterra				inglesa	ingleses		
Francia			francés			francesas	
Canadá		-e / -e	canadiense	canadiense	canadienses	canadienses	francés, inglés
EE.UU.			estadounidense				
Bélgica		-a / -a		belga	belgas		alemán, francés, neerlandés
Marruecos	2		marroquí	marroquí	marroquíes	marroquíes	marroquí
Irán		-í / -í		iraní			
Nepal			nepalí				

12 Completa la tabla anterior con dos países más.

CUADERNO DE ACTIVIDADES

UNIDAD 3

1 María, una chica colombiana, habla por WhatsApp con Carlos, su novio español. **Lee** la conversación y **escribe** el nombre de las personas de la foto.

1. ....
2. ....
3. ....
4. ....

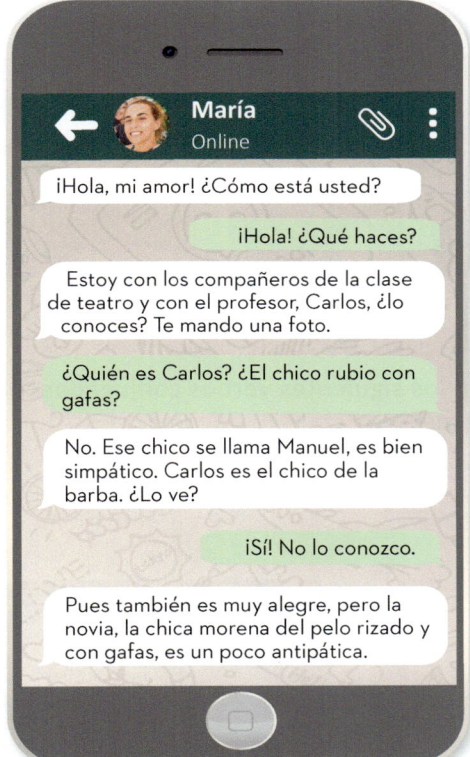

María — Online

¡Hola, mi amor! ¿Cómo está usted?

¡Hola! ¿Qué haces?

Estoy con los compañeros de la clase de teatro y con el profesor, Carlos, ¿lo conoces? Te mando una foto.

¿Quién es Carlos? ¿El chico rubio con gafas?

No. Ese chico se llama Manuel, es bien simpático. Carlos es el chico de la barba. ¿Lo ve?

¡Sí! No lo conozco.

Pues también es muy alegre, pero la novia, la chica morena del pelo rizado y con gafas, es un poco antipática.

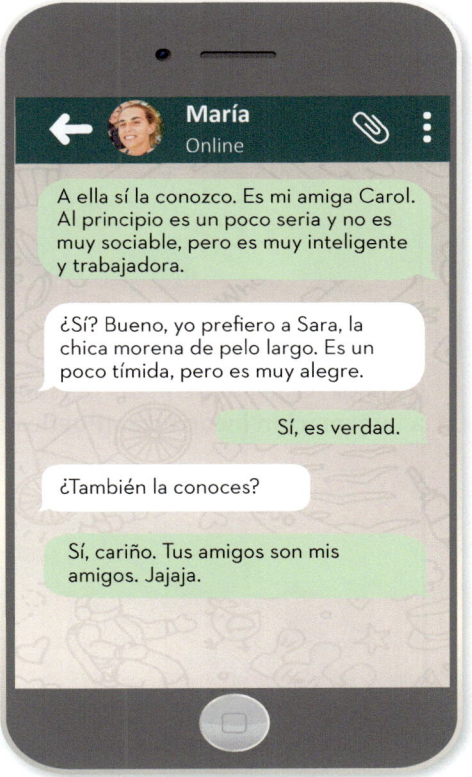

María — Online

A ella sí la conozco. Es mi amiga Carol. Al principio es un poco seria y no es muy sociable, pero es muy inteligente y trabajadora.

¿Sí? Bueno, yo prefiero a Sara, la chica morena de pelo largo. Es un poco tímida, pero es muy alegre.

Sí, es verdad.

¿También la conoces?

Sí, cariño. Tus amigos son mis amigos. Jajaja.

2 ¿Cómo son? Aquí tienes algunos adjetivos para hablar de estereotipos sobre nacionalidades. **Comenta** con tu pareja. ¿Qué nacionalidad es...?

Trabajadores | Alegres | Serios | Tímidos | Simpáticos | Sociables

Yo creo que los alemanes son serios y trabajadores.

Pues yo creo que los portugueses son simpáticos.

CUADERNO DE ACTIVIDADES

3 ¿Cómo piensas que son estas personas? **Relaciona** las frases con las imágenes y **completa** con las palabras de los recuadros.

muy   bastante   un poco

1. Paolo es _____ guapo.
2. Sara es _____ inteligente.
3. Mike es _____ gordito.
4. Zifei es _____ antipática.
5. Samia es _____ divertida.
6. Johan es _____ aburrido.
7. Kurt es _____ hablador.
8. Meropi es _____ tímida.

a b c d
e f g h

4 **Completa** la descripción de estas personas famosas con los siguientes verbos conjugados. Después, **marca** la información incorrecta. ¡Puedes **buscar** en internet!

Ser   Llevar   Tener

1. _Es_ Rafa Nadal y _____ español. _____ bailarín muy conocido en España y en todo el mundo. _____ moreno y bastante alto. _____ el pelo corto, liso y castaño y los ojos marrones.

2. _____ Pedro Almodóvar. _____ un director de cine español. _____ un poco gordito, _____ el pelo corto y castaño y _____ los ojos marrones. Casi siempre _____ gafas de sol.

3. _____ Shakira. _____ cuarenta años, _____ morena, con el pelo corto y _____ los ojos marrones. _____ una cantante colombiana, de Barranquilla.

CUADERNO DE ACTIVIDADES

5 Mira el árbol genealógico de la familia Bardem y completa las relaciones.

| Nieto | Hermano | Hermana | Mujer | Tíos |

| Prima | Hijos | Abuela |

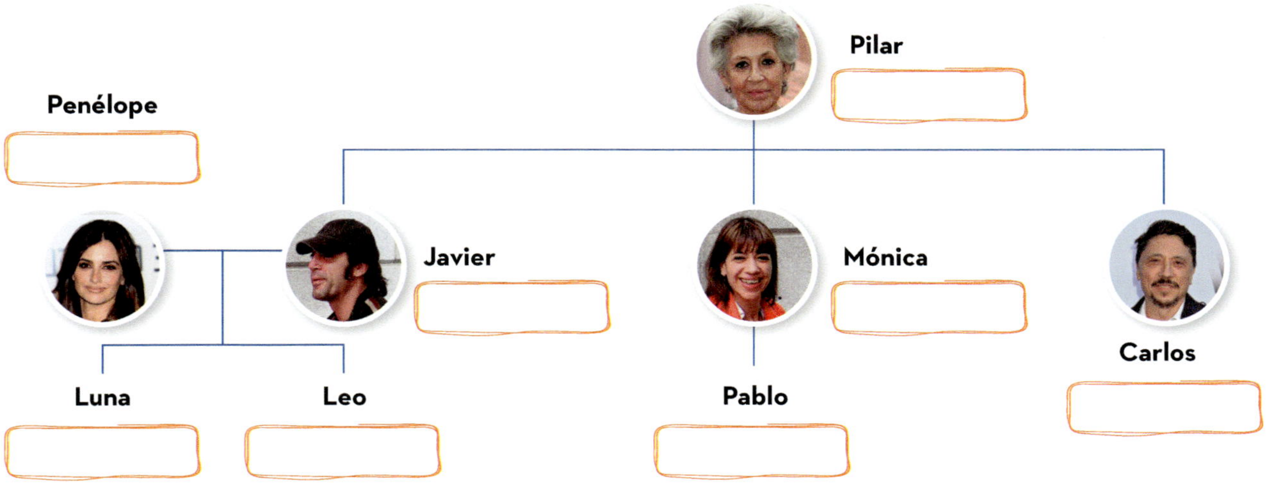

Pilar

Penélope

Javier   **Mónica**

Carlos

Luna   **Leo**   **Pablo**

- Pilar es la _____ de Luna.
- Penélope es la _____ de Javier.
- Leo es el _____ de Luna.
- Luna es la _____ de Pablo.

- Carlos y Mónica son los _____ de Luna.
- Javier y Carlos son los _____ de Pilar.
- Pablo es el _____ de Pilar.

6 Lee el texto sobre la familia de Gabriela y la familia de Justo. Después, señala las diferencias entre las dos familias.

Hoy en día, en España no hay dos familias iguales. Gabriela y Justo son dos amigos que viven en Granada y tienen familias muy diferentes.

La familia de Gabriela es bastante tradicional. Gabriela es una joven española que tiene 24 años. Vive con su madre Carmen y con su padre Julián, en la ciudad de Granada, porque no tiene trabajo. Tiene tres hermanos mayores: Sara, Luis y Alberto. Los tres están casados y viven en Granada con sus parejas y sus hijos. Carmen es ama de casa y Julián es conductor de autobuses. La madre de Carmen, que se llama María, está viuda y ahora vive con su hija, su yerno y su nieta.

Sin embargo, la familia de Justo es muy diferente. Justo vive con su novia en un piso pequeño en el centro de la ciudad. Es estudiante de periodismo y por las tardes trabaja en la biblioteca de la universidad. Los padres de Justo están divorciados. La madre de Justo, que se llama Camila, vive con su novio y con su hijo pequeño en Málaga. El padre de Justo, Arturo, vive solo a las afueras de Granada. Arturo está jubilado, pero es voluntario en un centro cultural de la ciudad, en el que da clases de pintura. Camila, la madre de Justo, es camarera en el bar de su novio, en Málaga. Justo y ella se ven mucho porque Camila va a Granada todas las semanas a visitar a su hijo.

Justo vive con su novia y Gabriela vive con sus padres, _____

CUADERNO DE ACTIVIDADES

7 ¿Cómo es una familia típica en tu país? ¿Es muy diferente a las familias del texto anterior? **Escribe** un texto sobre las familias tradicionales de tu país.

8 **Piensa** en tu familia y **dibuja** el árbol genealógico. Después, **explícale** el árbol a tu pareja.

9 **Completa** la tabla con las palabras.

Sus amigos · Mis hermanas · Nuestra prima · Tus abuelos
Vuestro tío · Su hermano · Sus nietas · Tu novia · Mi padre

	Femenino singular ♀	Femenino plural ♀♀♀	Masculino singular ♂	Masculino plural ♂♂♂
Yo				
Tú				
Él, Ella, Usted				
Nosotros/as				
Vosotros/as				
Ellos, Ellas, Ustedes				

10 **Ahora completa** las conversaciones con las siguientes palabras.

1. _____ se llama Sara. Nuestra madre dice que somos muy parecidas físicamente, pero yo creo que no.

2. – _____ son muy divertidos. ¿Cuántos años tienen?
   – ¡Sí! ¿verdad? Tienen 89 años.

3. – _____ son muy antipáticos. No quiero ir al cine con ellos.
   – Bueno, Luis y Jorge sí, pero yo creo que Antonio es bastante simpático, ¿no?

4. ¿_____ Juan es hermano de tu padre o de tu madre?

5. – ¿Cómo se llama _____?
   – Se llama Ana. Es muy inteligente, simpática y divertida...
   – Estás enamorado, eh...

Tus amigos
Tu novia
Mi hermana
Tu tío
Tus abuelos

CUADERNO DE ACTIVIDADES

11 Completa las frases con:

> este   esta   ese   esa   aquel   aquellos

1. _____ es mi hermana Clara, ¿a que es guapa?
2. ¡Mira! _____ de allí son mis abuelos. ¡Abuelos!
3. _____ es mi perro Scotty. Es genial.
4. Mira ahí. _____ es mi prima Luisa y _____ es mi primo Manuel. Luisa es abogada y Manuel es cocinero en un hotel de cinco estrellas.
5. Creo que _____ chico es, Vicente, mi ex novio, ¿no?

12 ¿Qué hacen estas personas? Completa el texto con los verbos en presente y relaciona con las imágenes.

Las familias españolas son muy diversas. Por ejemplo, en mi edificio **(1.) vivir** _____ gente muy diferente. En el primer piso **(2) estar** _____ Adriana, una madre soltera que **(3) tener** _____ un bebé que se llama Juan. En el tercer piso **(4.) vivir** _____ Daniel y Aurora con sus dos hijos pequeños, Susanita y Quique. Susanita **(5.) ser** _____ adoptada, de Madagascar. En el tercer piso también **(6.) vivir** _____ Ramona, una chica rubia muy simpática. **(7.) ser** _____ escritora y **(8.) leer** _____ y **(9.) escribir** _____ mucho por el día y también por la noche. En el cuarto piso **(10.) compartir** _____ casa Pablo y Vicente, **(11.) ser** _____ pareja y **(12.) tener** _____ un perro y una gata preciosos.

13 Busca en Internet el significado de estas expresiones sobre el amor y relaciona cada una con una imagen. ¿Cómo se dicen en tu lengua?

> Echar de menos   Romper con alguien   Salir con alguien

CUADERNO DE ACTIVIDADES

UNIDAD 4

1 En el tablón de anuncios de la universidad hay algunos errores. Selecciona el verbo en singular o plural.

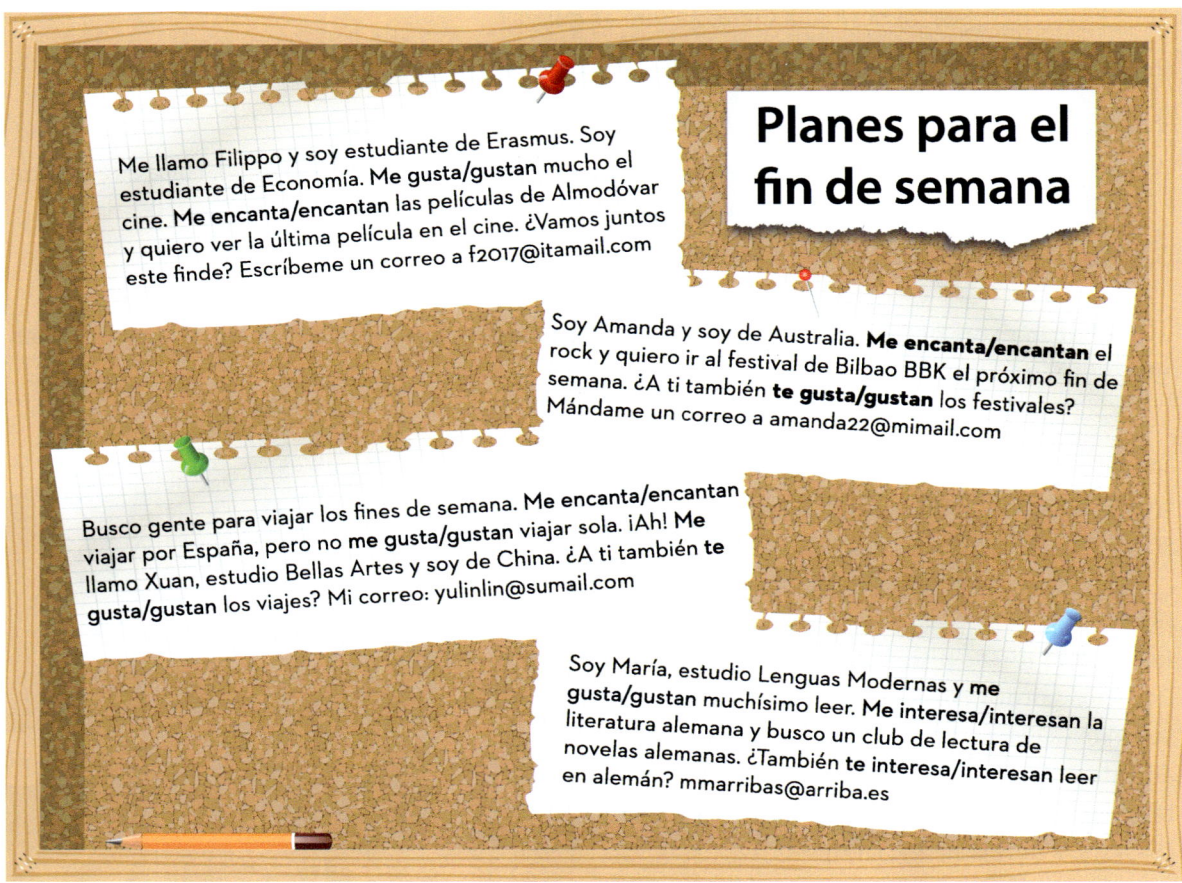

Planes para el fin de semana

Me llamo Filippo y soy estudiante de Erasmus. Soy estudiante de Economía. Me gusta/gustan mucho el cine. Me encanta/encantan las películas de Almodóvar y quiero ver la última película en el cine. ¿Vamos juntos este finde? Escríbeme un correo a f2017@itamail.com

Soy Amanda y soy de Australia. **Me encanta/encantan** el rock y quiero ir al festival de Bilbao BBK el próximo fin de semana. ¿A ti también **te gusta/gustan** los festivales? Mándame un correo a amanda22@mimail.com

Busco gente para viajar los fines de semana. Me encanta/encantan viajar por España, pero no me gusta/gustan viajar sola. ¡Ah! Me llamo Xuan, estudio Bellas Artes y soy de China. ¿A ti también te gusta/gustan los viajes? Mi correo: yulinlin@sumail.com

Soy María, estudio Lenguas Modernas y me gusta/gustan muchísimo leer. Me interesa/interesan la literatura alemana y busco un club de lectura de novelas alemanas. ¿También te interesa/interesan leer en alemán? mmarribas@arriba.es

2 Mira las fotos del móvil de Filippo, Amanda, María y Xuan. Lee los textos y escribe. ¿De quién es cada foto?

1. ....

2. ....

3. ....

4. ....

CUADERNO DE ACTIVIDADES

3 Ahora **escribe** un mensaje para el tablón de la universidad. **Utiliza** al menos tres expresiones de la actividad 1.

4 **Lee** el siguiente correo electrónico que le envían a uno de los estudiantes. **Completa** el texto con *mucho* o *muchos*.

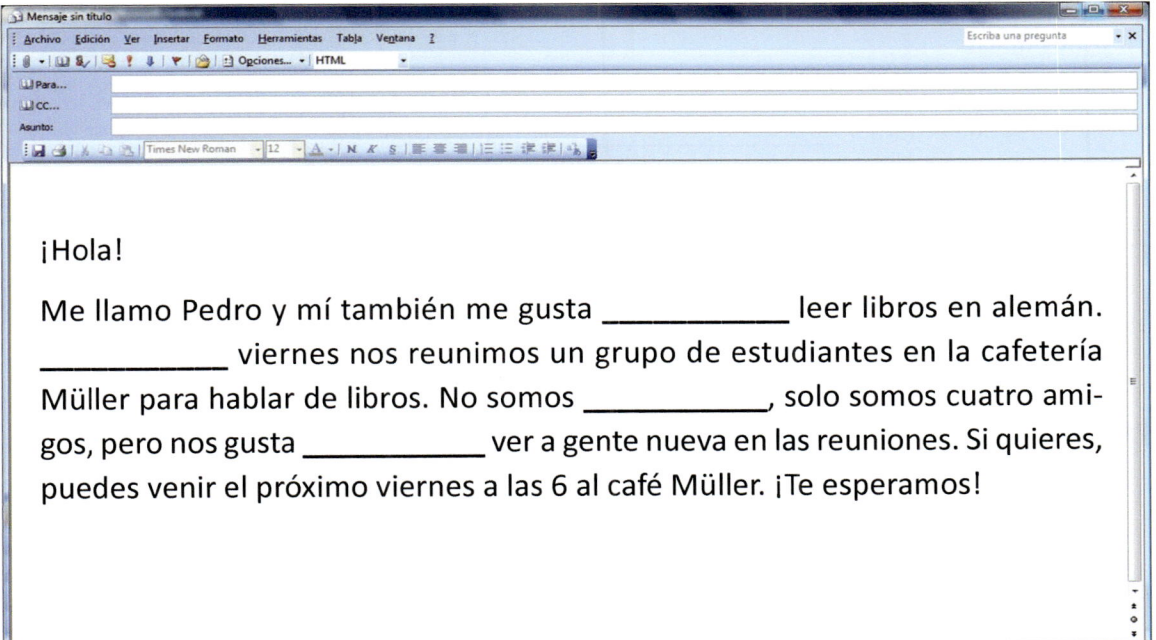

¡Hola!

Me llamo Pedro y mí también me gusta _____ leer libros en alemán. _____ viernes nos reunimos un grupo de estudiantes en la cafetería Müller para hablar de libros. No somos _____, solo somos cuatro amigos, pero nos gusta _____ ver a gente nueva en las reuniones. Si quieres, puedes venir el próximo viernes a las 6 al café Müller. ¡Te esperamos!

5 **Lee** otra vez el mensaje y **reflexiona**. ¿Para quién es el mensaje de Pedro?

137

CUADERNO DE ACTIVIDADES

6 Completa los bocadillos con una de estas expresiones.

| A mí también | A mí no me gusta | A mí tampoco | A mí sí |

a) _____ mucho la música country.

b) _____ me gusta la comida española.

c) _____ me encanta la pizza.

d) _____ me gusta la lluvia.

7 Escucha y comprueba. Después, escribe tu opinión para cada frase.
nº 64

8 Completa la conversación de estas dos amigas en la puerta del restaurante con *por qué* o *porque*.

Cristina: ¿No te gusta la comida española? ¿_____?

Marga: No me gusta _____ soy vegana y en la comida española… es muy difícil.

Cristina: No es verdad, _____ en España comen muchas ensaladas y sopas de verdura. ¿_____ no pides gazpacho?

Marga: No me gusta el gazpacho. Vamos a otro restaurante.

Cristina: Vale.

9 Escucha y comprueba.
nº 65

10 ¿Cómo se dicen estas expresiones en tu lengua? Escribe en la tabla.

 Me encanta la pizza.

No me gusta la música chilena.

 A mí tampoco me gusta la comida española.

CUADERNO DE ACTIVIDADES

UNIDAD 5

1 Lee las descripciones de los muebles y escribe el nombre de cada uno.

1. Usamos la silla para sentarnos, por ejemplo en clase.
2. El lavabo está en el baño. Podemos usarlo para lavarnos los dientes.
3. En mi estantería tengo libros, fotos y una planta.
4. Para dormir usamos la cama.
5. El armario lo usamos para poner nuestra ropa dentro. Normalmente está en los dormitorios.
6. Hay ventanas en toda la casa. Por las ventanas podemos ver la calle y tener luz.
7. Las mesas son muy importantes en las casas. Necesitamos mesas para trabajar, comer, poner cosas…
8. El sillón está casi siempre en el salón. Es para una persona y podemos usarlo para leer, dormir la siesta…
9. Las puertas sirven para cerrar las habitaciones y abrirlas. También para entrar y salir de casa.
10. El sofá está normalmente en el salón. Es grande y cómodo.

2 Busca y escribe las diferencias entre estas dos habitaciones.

1. El libro no está en la cama.
2. ....
3. ....
4. ....
5. ....
6. ....

139

CUADERNO DE ACTIVIDADES

3 Relaciona las descripciones de los barrios con cada una de las fotos.

1. En mi barrio no hay grandes supermercados, sino pequeñas tiendas donde puedes comprar la comida fresca: frutas, verduras, huevos, carnes y pescados. ¡Es muy familiar!

2. ¡Nos encanta nuestro barrio! Es muy acogedor. Las calles son de piedra y muy pequeñas, pero en cada esquina hay un restaurante con terraza.

3. Estoy muy feliz en mi nuevo barrio, porque hay una biblioteca antigua muy bonita y delante tiene un parque donde puedo estudiar y leer al aire libre.

4. Mi barrio no es monumental, no tiene grandes teatros, ni bibliotecas o bancos antiguos; pero las fachadas de los edificios son muy bonitas, llenas de ventanas y balcones.

a

b

c

d

4 Completa la descripción de esta ciudad. ¿Qué ciudad española es?

| un | muchos | muchas | pocas | el | la | las |

Es una ciudad moderna, interesante y con muchas cosas para hacer. Hay _____ iglesias, pero la más famosa es la Sagrada Familia. En la ciudad hay mar, montaña y _____ playa de la ciudad está en la Barceloneta.

En esta ciudad hay _____ monumentos: edificios antiguos y torres modernas, como _____ Torres Mapfre, que están cerca de la Barceloneta.

En esta ciudad hay _____ plazas de toros y nunca hay corridas de toros. La antigua plaza de toros Monumental, por ejemplo, es ahora un gran centro comercial.

También hay _____ estadio de fútbol muy famoso es: _____ estadio del Camp Nou, que está en el barrio de Les Corts.

CUADERNO DE ACTIVIDADES

 5 Escribe información de cinco lugares que te gustan o no en tu ciudad.

Nombre	Categoría	Cerca de	Valoración	Lo mejor	Lo peor
Café Rivas	Cafetería	Metro Centro y Estadio de fútbol	★★★★☆	Las tostadas, el camarero	El baño, está mal indicado
			☆☆☆☆☆		
			☆☆☆☆☆		
			☆☆☆☆☆		
			☆☆☆☆☆		
			☆☆☆☆☆		

 6 ¿Cómo es tu habitación? **Dibuja** la forma de tu dormitorio y dónde está la puerta. **Describe** cómo es mientras tu pareja la dibuja. Después **comprueba**.

> A la derecha de la puerta hay un armario. A la izquierda de la puerta está mi cama. Enfrente de la cama hay una silla, una lámpara y una ventana.

 7 **Observa** cómo se construyen estos verbos y **completa** los diálogos.

| Ir a | Quedarse en | Estar en |

¿Qué haces?

Este fin de semana _____ casa. Estoy muy cansado. No quiero hacer nada.

Nada, _____ casa. ¿Nos vemos esta tarde?

Vale, pues si quieres, _____ tu casa y vemos una película.

141

CUADERNO DE ACTIVIDADES

UNIDAD 6

  1 Conjuga los siguientes verbos en presente.

	Preferir	Querer
Yo	pref**ie**ro	
Tú		qu**ie**res
Él, Ella, Usted		
Nosotros/as	preferim**os**	
Vosotros/as		quer**éis**
Ellos, Ellas, Ustedes		

  2 Completa los diálogos con la forma adecuada del presente del verbo *querer*.

En la cafetería

Camarero: Buenos días. ¿Qué desea?

Juan: Buenas. Pues yo _____ un café con leche y una tostada y él _____ un chocolate. Gracias.

Camarero: Muy bien, gracias.

En una fiesta

Rosa: ¿Sabes qué _____ tomar ellos?

Lola: Ni idea. ¿Por qué no preguntas?

Rosa: Sí, mejor. ¿Tú _____ beber algo?

Lola: Sí, un vaso de agua, por favor.

En casa de un amigo

Alfonso: Y tú, ¿ _____ algo de beber? Hay refresco, cerveza...

Lorenzo: No, de momento no _____ nada, gracias.

Alfonso: Vale, vale.

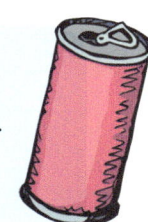

 **3** Reflexiona sobre tus hábitos alimenticios y completa las frases.

1. Nunca como _____

2. Todos los días bebo _____

3. A veces tomo _____

4. Muchas veces como _____

5. Todas las mañanas desayuno _____

6. Siempre bebo _____

CUADERNO DE ACTIVIDADES

 **4** Mira estos menús y piensa para qué tipo de persona es adecuado cada restaurante.

TODO PARRILLA
Primeros
Pimientos rellenos de carne
Arroz con conejo
Croquetas de jamón
Segundos
Hamburguesa a la parrilla
-Costillas con salsa barbacoa
Lomo de cerdo
Bebida y postre incluidos
12 euros

EL BOQUERÓN SALADO
Primeros
Sopa de marisco
Salmón ahumado
Canelones rellenos de gambas
Segundos
Lubina con patatas
Boquerones con ensalada
Merluza a la plancha
Bebida, postre y café incluidos
10 euros

COME SANO
Primeros
Ensalada de judías con patatas
Arroz integral con verduras
Pasta con verduras y salsa de mostaza
Segundos
Hamburguesa vegetal con verduras
Musaka de berenjenas
Bebida, café y té incluidos
11 euros

El restaurante _____ es genial para una persona que solo come pescado y marisco.

El restaurante _____ es perfecto para una persona que es vegetariana.

El restaurante _____ es genial para una persona que odia el pescado.

5 Diseña dos menús y completa las siguientes frases, como en el ejercicio anterior.

Restaurante:

Primeros:

Segundos:

Postres:

Precio:

Restaurante:

Primeros:

Segundos:

Postres:

Precio:

El restaurante _____ es perfecto para _____

El restaurante _____ es ideal para _____

CUADERNO DE ACTIVIDADES

6 ¿Qué alimentos te encantan? ¿Cuáles odias? Haz una lista con tus alimentos favoritos y con los que no te gustan nada. Explica por qué.

Me encantan	No me gusta nada

Porque _____

_____

_____

7 Completa el diálogo con las preposiciones. Después, marca con una X los alimentos que aparecen.

A   De   Con   Sin

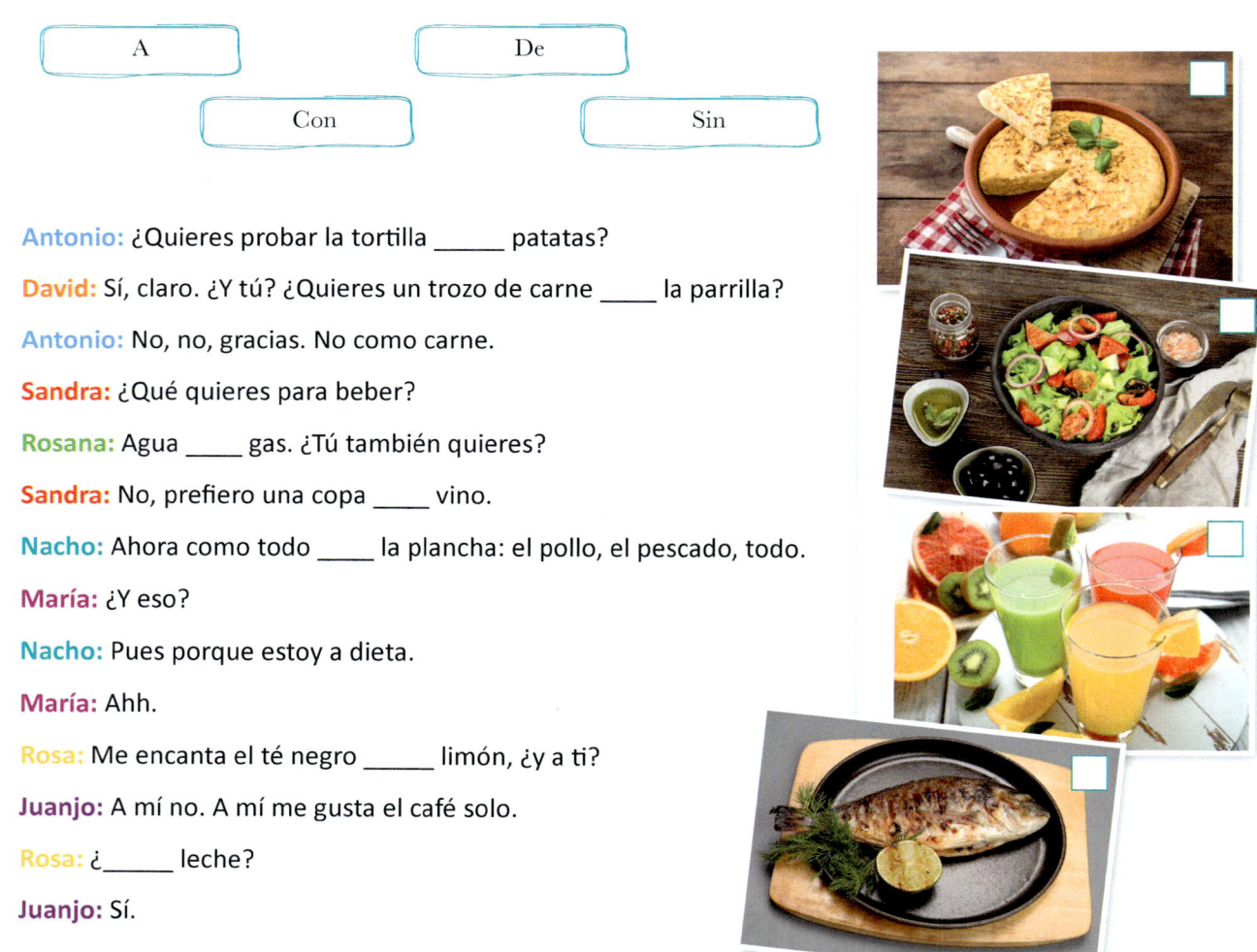

Antonio: ¿Quieres probar la tortilla _____ patatas?

David: Sí, claro. ¿Y tú? ¿Quieres un trozo de carne _____ la parrilla?

Antonio: No, no, gracias. No como carne.

Sandra: ¿Qué quieres para beber?

Rosana: Agua _____ gas. ¿Tú también quieres?

Sandra: No, prefiero una copa _____ vino.

Nacho: Ahora como todo _____ la plancha: el pollo, el pescado, todo.

María: ¿Y eso?

Nacho: Pues porque estoy a dieta.

María: Ahh.

Rosa: Me encanta el té negro _____ limón, ¿y a ti?

Juanjo: A mí no. A mí me gusta el café solo.

Rosa: ¿_____ leche?

Juanjo: Sí.

CUADERNO DE ACTIVIDADES

8 Lee los diálogos y completa con las frases adecuadas.

- La cuenta, por favor.
- Lenguado al limón, por favor.
- Buenas tardes, ¿ya sabes qué quieres?
- En efectivo.
- Pues una botella de agua sin gas, del tiempo.

Camarero: _____

Julia: Sí, de primero quiero una ensalada de la casa.

Camarero: ¿Y de segundo?

Julia: _____

Camarero: Perfecto. ¿Y de beber?

Julia: _____

Julia: _____

Camarero: Sí, claro. Son 12 euros. ¿Vas a pagar con tarjeta o en efectivo?

Julia: _____

Camarero: De acuerdo. Muchas gracias.

Camarera: ¿Sabéis qué queréis?

Rosa: Sí, ya sabemos. Yo de primero ensalada de pimientos con atún y de segundo chuletas de cordero.

Julián: _____

Camarera: Sí, lleva pollo y conejo.

Julián: _____

Camarera: Muy bien.

Camarera: _____

Julián: Yo no quiero postre, gracias.

Camarera: ¿Y café?

Rosa: _____

Julián: Yo quiero unas natillas y un café cortado.

Camarera: _____

Julián: Fría, por favor.

- Entonces voy a tomar sopa de verduras y paella vegetariana.
- ¿Qué vais a querer de postre?
- ¿La leche fría o caliente?
- No, café no. Un té verde, por favor.
- ¿La paella valenciana lleva carne?

UNIDAD 7

1 Julia Gutiérrez es una chica diferente. Relaciona las imágenes con las frases. Comenta con tu pareja: ¿Cuál es la profesión de Julia?

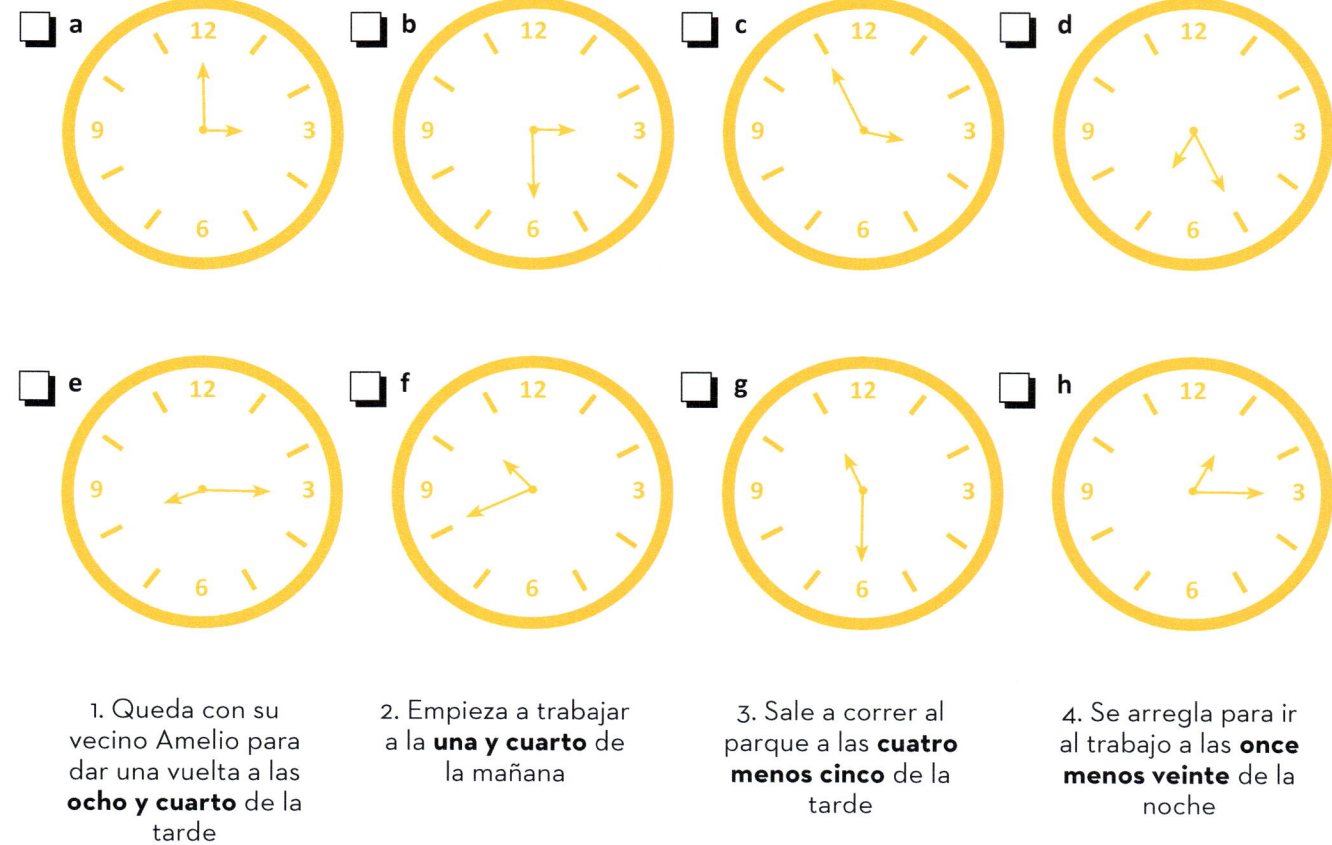

1. Queda con su vecino Amelio para dar una vuelta a las **ocho y cuarto** de la tarde

2. Empieza a trabajar a la **una y cuarto** de la mañana

3. Sale a correr al parque a las **cuatro menos cinco** de la tarde

4. Se arregla para ir al trabajo a las **once menos veinte** de la noche

5. Se levanta a las **tres en punto** de la tarde

6. Prepara la comida y come a las **siete y veinticinco** de la tarde

7. Desayuna a las **tres y media** de la tarde

8. Sale de casa para ir al trabajo a las **once y media** de la noche

 **2** Completa los siguientes verbos.

	Dormir	Acostarse
Yo		
Tú	d**ue**rm**es**	**te** a**cue**st**as**
Él, Ella, Usted		
Nosotros/as		
Vosotros/as		
Ellos, Ellas, Ustedes		

CUADERNO DE ACTIVIDADES

3 Mira estas imágenes sobre algunas costumbres y relaciona cada una con su significado.

a. Comer/Irse de tapas   b. Bailar flamenco   c. Beber café   d. Tocar y bailar vallenato

e. Dormir la siesta   f. Jugar al juego de la rana

1

2

3

4

5

6

4 ¿Sabes a qué dos países del mundo hispano corresponden estas costumbres? ¿Qué otras costumbres conoces de estos países? Escribe un breve texto explicando más costumbres.

147

CUADERNO DE ACTIVIDADES

5 Viviendo fuera

En el blog *Mi vida en el extranjero* escriben varios expatriados como Julia, una chica española, y Alejandro, un chico colombiano. Los dos viven fuera de su país y escriben sobre su día a día en su nuevo destino.

Completa los textos con la forma correcta de los verbos entre paréntesis. Después, **adivina** en qué país está cada uno.

 2 COMENTARIOS

Julia

A los españoles nos gusta salir de fiesta hasta muy tarde. Yo, cuando estoy allí, ……………… (*salir*) hasta las cuatro o cinco de la mañana, pero aquí ……………… (*volver*) a casa muy pronto. Siempre ……………… (*dormir*) ocho y nueve horas… ¡Soy muy dormilona!
Cuando voy a España no ……………… (*hacer*) mucho ejercicio, pero aquí ……………… (*jugar*) mucho al béisbol, que es el deporte nacional. Me encanta vivir en un país tan grande, conocer diferentes estados y disfrutar su la comida… ¡Hay mucho más que hamburguesas!

Alejandro

Cuando estoy en Colombia, mi país, no como mucha carne, pero desde que vivo aquí… ¡Incluso hay días que ……………… (*desayunar*) un bocadillo o sándwich con carne! Mi novia es de aquí y le encantan los platos típicos: el asado, el choripan… Todos los días ……………… (*acostarse*) con la barriga llena, aunque siempre intentamos cenar algo ligero.

6 Completa las tablas con las formas verbales adecuadas.

	Jugar	Salir
Yo		sal**go**
Tú	j**ue**g**as**	
Él, Ella, Usted		
Nosotros/as		sal**imos**
Vosotros/as	jug**áis**	
Ellos, Ellas, Ustedes		

7 Imagina que vives en otro país. ¿Qué costumbres crees que cambian? **Escribe** un texto y tus compañeros/as tienen que adivinar en qué país estás.

CUADERNO DE ACTIVIDADES

8 Trini es la abuela de Julia. **Mira** su imagen de perfil de Instagram y **escribe** qué costumbres crees que tiene y qué costumbres no tiene.

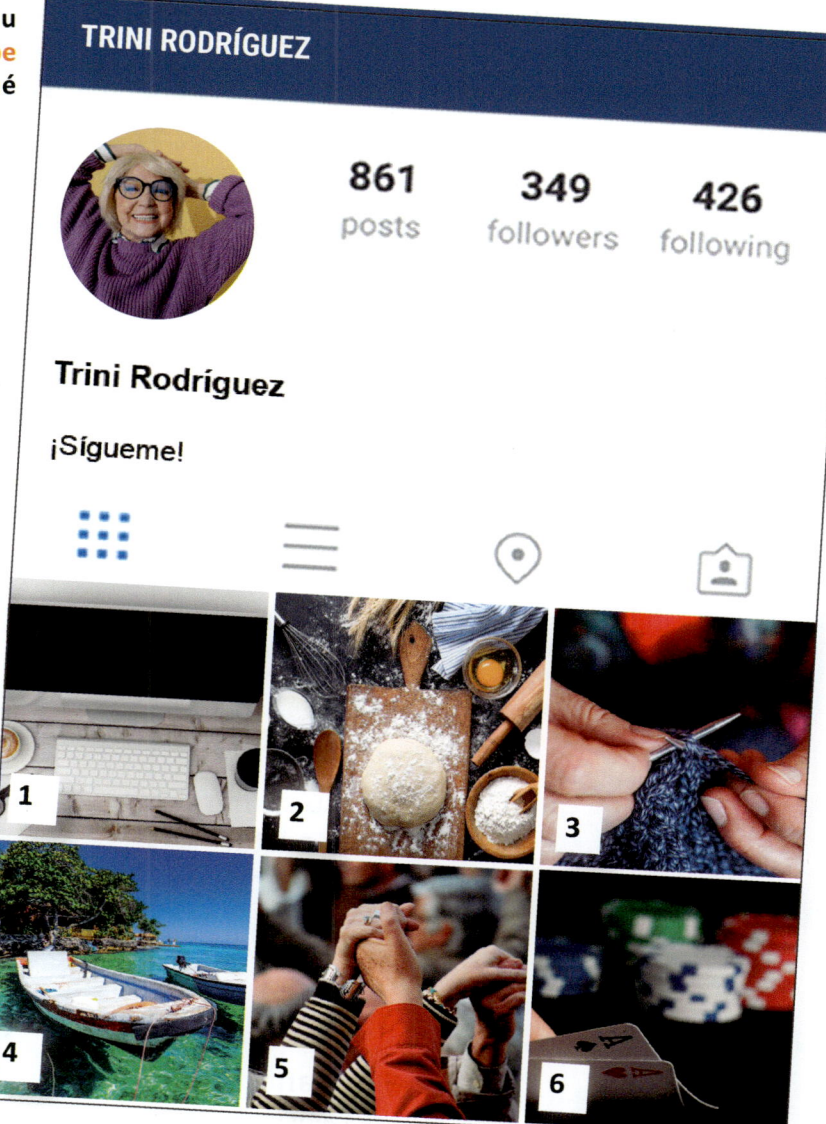

a) Preparar bizcochos para sus nietos

b) Salir de fiesta con sus amigos

c) Hacer yoga en el parque

d) Viajar con su novio al Caribe

e) Jugar al póker en el club del jubilado

f) Dormir la siesta al mediodía

9 **Escucha** a Trini en una conversación con su nieta y **comprueba** tus respuestas. nº 66

10 **Escribe** qué haces un día normal y **utiliza** los conectores para unir tus frases.

Primero | Luego | Después | Por último

"*Primero* desayuno y *luego* trabajo en mis fotos durante dos horas, en pijama, desde casa. *Después* me visto rápidamente, pero nunca me ducho porque no me gusta el agua."

149

CUADERNO DE ACTIVIDADES

UNIDAD 8

1 **Lee** la siguiente información y **piensa** qué tipo de viajero eres. Después, **inventa** un tipo de viajero más.

http://www.growproexperience.com/viajes/tipos-de-viajeros

Los 5 tipos de viajeros

1. El aventurero
Aquel que no tiene miedo a nada. Prueba cosas nuevas y nunca dice que NO.

2. El planificador
No puede irse de viaje sin tener una guía de a qué sitios tiene que ir y qué hacer.

3. El fotógrafo
No sale sin su cámara a ninguna parte. ¡Todo queda en el recuerdo!

4. El cultural
Quiere aprender lo máximo sobre la cultura del país: fiestas, costumbres, comidas...

5. El lujoso
Invierte bastante dinero en sus vacaciones para que todo salga perfecto.

6. _____
....
....
....
....

2 **Escribe** más preguntas para hacer a tus compañeros y **adivina** qué tipo de viajeros son. Después **pregunta** a tres compañeros.

Nombre del compañero/a			
¿Te gustan los viajes de aventura?			
Tipo de viajero			

CUADERNO DE ACTIVIDADES

3 Completa el siguiente texto de esta bloguera viajera con la estructura *ir + a* en la forma correcta.

¡Hola!

Después de mi aventura en el desierto de Huacachina, ¡por fin estoy en Cuzco! Mañana _____ empezar una nueva aventura. Mis compañeros de viaje y yo _____ caminar durante 4 días hasta Machu Picchu.

Nuestro guía _____ recogernos mañana a las 5:30 y con él _____ caminar durante 5 o 6 horas. Mis compañeros _____ dormir en un camping, pero yo quiero dormir en casas de locales, para conocer mejor la cultura peruana. Además, ya sabéis que no me gustan mucho los campings.

Este viaje _____ ser una gran aventura. Aquí tenéis una foto de Huacachina. En la próxima entrada os _____ poner fotos del Camino del Inca y de Machu Picchu. ¿Os _____ perder mi próximo post?

4 Lee el texto otra vez y marca la foto que corresponde con la información de la bloguera viajera.

 a
 b
 c
 d

5 Completa los bocadillos con la forma correcta del verbo *querer*.

a) Este chico es muy aburrido. Él _____ comer conmigo, pero yo no _____.

b) ¿_____ ir conmigo al cine?

c) Yo _____ ir allí.

d) ¿_____ casarte conmigo?

e) _____ luchar por nuestros derechos.

f) Mis padres siempre _____ dormir con nosotras.

151

CUADERNO DE ACTIVIDADES

  6 Escucha a estos cuatro viajeros que buscan compañero de viaje y relaciona el nombre con la foto.

| RAQUEL | CARLOS | INÉS | MIGUEL |

 7 ¿Qué plan de la actividad anterior te gusta más? Comenta con tus compañeros.

 8 Imagina que tú también buscas a alguien para el viaje que quieres hacer. Escribe un mensaje en la página *COMPIS DE VIAJE*.

 9 ¿Para qué sirven estos objetos? Completa la tabla.

Objeto	Sirve para
Gafas de sol	Para ir a la playa, para ir a esquiar...
Sombrero	
Mapa	
Maleta	
Pasaporte	
Reloj	
Tarjeta de crédito	
Billetes de avión	
Cámara	
Teléfono móvil	
Guía de viajes	
Cámara acuática	
Prismáticos	

 **10** Escribe en un texto.

- ¿Adónde quieres ir en tus próximas vacaciones?
- ¿Con quién quieres ir?
- ¿Qué quieres hacer?
- ¿Qué tiempo va a hacer allí durante tus vacaciones?
- ¿Qué ropa quieres llevar?
- ¿Qué objetos vas a llevar? ¿Para qué?

Apéndice gramatical

APÉNDICE GRAMATICAL

1. LOS SUSTANTIVOS

Los sustantivos son las palabras que sirven para nombrar a las personas, a los animales o a las cosas.

1.1 EL GÉNERO DE LOS SUSTANTIVOS

Los sustantivos en español pueden ser **masculinos** o **femeninos**.

Masculino	Femenino
Los sustantivos terminados en -**o** son, generalmente, masculinos: *el libro, el niño, el bolígrafo*.	Los sustantivos terminados en -**a** son, generalmente, femeninos: *la pizarra, la mesa, la cartera*.
Si terminan en consonante pueden ser masculinos o femeninos: *el portátil, el móvil, la mujer*.	

1.2 EL NÚMERO DE LOS SUSTANTIVOS

Según el número, los sustantivos pueden estar en **singular** o en **plural**.

Los sustantivos que terminan en vocal añaden-**s**: *llave → llaves, bolígrafo → bolígrafos, cartera → carteras*.
Los sustantivos que terminan en consonante añaden -**es**: *ordenador → ordenadores, reloj → relojes*. La -**z** se transforma en -**c**, al añadir -**es**: *lápiz → lápices*.

1.3 LA CONCORDANCIA DE GÉNERO Y NÚMERO

El **adjetivo** tiene el mismo género y el mismo número que el nombre al que hace referencia.

La chica argentina   *Las chicas morenas*
El chico argentino   *Los chicos morenos*

Normalmente, primero se escribe el nombre y después el adjetivo: *Comida mexicana*.

2. LOS ADJETIVOS

2.1 EL GÉNERO DE LOS ADJETIVOS

Los adjetivos en español son **masculinos** o **femeninos**.

Masculino	Femenino
chino español guapo simpático	china española guapa simpática
estadounidense alegre inteligente	

APÉNDICE GRAMATICAL

2.2 EL NÚMERO DE LOS ADJETIVOS

Según el número, el adjetivo pueden estar en **singular** o en **plural**.

Los adjetivos que terminan en vocal añaden **-s**:   *indio, india* → *indios, indias, inteligente* → *inteligentes*.
Los adjetivos que terminan en consonante añaden **-es**:   *español* → *españoles, francés* → *franceses, alemán* → *alemanes*.

El adjetivo concuerda con el sustantivo en género y número.

La pasta es italiana. *Los tacos son mexicanos.*
Mi hermano es muy simpático. *Mis amigas son muy simpáticas.*

En español, la posición más común para el adjetivo es detrás del sustantivo.

Tengo una cartera roja. *Es un chico inteligente y guapo.*

2.3 EL GRADO DE LOS ADJETIVOS

Grado positivo: *un chico guapo*
Grado superlativo: *un chico **muy** guapo*

3. LOS ARTÍCULOS

3.1 EL ARTÍCULO INDEFINIDO

El artículo indefinido se utiliza cuando hablamos por primera vez de un sustantivo o cuando lo presentamos sin especificar.

*En la mesa hay **unas** gafas.* *¿Tienes **un** bolígrafo?*

El artículo indefinido concuerda en **género** y **número** con el sustantivo.

*En la clase hay **una** pizarra.* *En la mesa hay **unas** llaves*

	Masculino	Femenino
Singular	Un	Una
Plural	Unos	Unas

APÉNDICE GRAMATICAL

3.2 EL ARTÍCULO DEFINIDO

El artículo definido se utiliza cuando el sustantivo no es nuevo para el oyente.

¿Puedes darme el bolígrafo? *¿Sabes dónde está la biblioteca?*

El artículo definido **concuerda** en **género** y **número** con el sustantivo.

El flamenco es español *Las milongas son argentinas*
Tengo el cuaderno *Me gustan las películas colombianas*

	Masculino	Femenino
Singular	El	La
Plural	Los	Las

El artículo tiene dos formas contractas:
- al (a + el): *Va al cine.*
- del (de + el): *Vuelve del cine.*

Cuando nos referimos a sustantivos, en general, o a cantidades indeterminadas, no usamos artículos.

No tengo móvil. *No hay leche.* *Tenemos dinero.*

4. LOS ADJETIVOS Y LOS PRONOMBRES DEMOSTRATIVOS

Los pronombres y adjetivos demostrativos sirven para señalar marcando la distancia que existe entre determinados seres y/o objetos y la persona que habla.
- **Este** / **esta**: en el mismo espacio que la persona que habla. Aquí.
- **Ese** / **esa**: en un espacio diferente al de la persona que habla, pero cerca. Ahí.
- **Aquel** / **aquella**: en un espacio diferente al de la persona que habla, pero lejos. Allí.

Singular		Plural	
Masculino	Femenino	Masculino	Femenino
Este	Esta	Estos	Estas
Ese	Esa	Esos	Esas
Aquel	Aquella	Aquellos	Aquellas

APÉNDICE GRAMATICAL

Los **adjetivos demostrativos** aparecen junto a un sustantivo y concuerdan con él en género y número.

Este chico es moreno y bajito.   *Aquella chica es rubia.*

Los **pronombres demostrativos** se refieren a un sustantivo. Tienen el género y el número del sustantivo al que se refieren. Se utilizan cuando tenemos claro el sustantivo al que nos referimos, para evitar repetirlo.

¿Te gustan estas gafas de sol?   No, prefiero aquellas.
Este es mi perro: Rex.

Demostrativos neutros: esto, eso, aquello
Existen también formas del demostrativo neutro. Son siempre pronombres y se utilizan cuando NO tenemos claro o no queremos especificar el objeto al que nos referimos. Nunca se usan para sustituir a personas, siempre se refieren a cosas.

- *¿Qué es eso que tienes en el bolso?*

- *¿Esto? Esto es un sacapuntas.*

5. LOS ADJETIVOS POSESIVOS

Los adjetivos posesivos sirven para expresar propiedad o relación.

Mi novio es peruano.   *Su abuela se llama Luisa.*

Yo → Mi/Mis *Este es mi hermano.* *Los amigos de mis amigos son mis amigos.*	Nosotros/as → Nuestro/a / Nuestros/as *Carlos es nuestro amigo.* *Paloma y Ana son nuestras amigas.*
Tú → Tu/Tus *¡Yo soy tu padre!* *¿Esos son tus padres? ¡Qué jóvenes!*	Vosotros/as → Vuestro/a / Vuestros/as *¿Bea es vuestra tía?* *Estos son vuestros compañeros de trabajo.*
Él, Ella, Usted → Su/Sus *Juan vive con su hermano y sus cuatro iguanas.*	Ellos/as, Ustedes → Su/Sus *Ana vive con su novia y sus tres gatos.*

Los adjetivos posesivos van delante del sustantivo y concuerdan con él en número ¡no con la persona que posee!

Mi casa es muy grande.   *¿Cuántos años tienen tus abuelos?*

Los adjetivos posesivos de 1.ª y 2.ª personal plural **(nuestro, nuestra, nuestros, nuestras, vuestro, vuestra, vuestros, vuestras)** también concuerdan con el sustantivo que poseen.

Nuestra iguana se llama Juana.   *Vuestros tíos viven en Málaga, ¿no?*

¡Atención!

Si en una misma frase tenemos un nombre en masculino y un nombre en femenino, el plural se forma en masculino.

Mi hermano y mi hermana son mis hermanos.   *Mi hijo y mi hija son mis hijos.*

APÉNDICE GRAMATICAL

6. LOS NUMERALES

Los numerales pueden ser cardinales (indican una cantidad exacta) u ordinales (indican orden dentro de un grupo).

6.1 LOS NÚMEROS CARDINALES

1	un**o**/**a**, un	11	once	21	veintiun**o**/**a**	31	treinta y un**o**	300	trescient**os**/**as**
2	dos	12	doce	22	veintidós	40	cuarenta	400	cuatrocient**os**/**as**
3	tres	13	trece	23	veititrés	50	cincuenta	500	quinient**os**/**as**
4	cuatro	14	catorce	24	veinticuatro	60	sesenta	600	seiscient**os**/**as**
5	cinco	15	quince	25	veinticinco	70	setenta	700	setecient**os**/**as**
6	seis	16	dieciséis	26	veintiséis	80	ochenta	800	ochocient**os**/**as**
7	siete	17	diecisiete	27	veintisiete	90	noventa	900	novecient**os**/**as**
8	ocho	18	dieciocho	28	veintiocho	100	cien	1000	mil
9	nueve	19	diecinueve	29	veintinueve	101	ciento un**o**/**a**	2000	dos mil
10	diez	20	veinte	30	treinta	200	doscient**os**/**as**	10000000	un millón

6.2 LOS NÚMEROS ORDINALES

Los números ordinales sirven para indicar orden y concuerdan en género y número con el sustantivo:

Juan es el primero de su clase de español.   *Ella está escribiendo su tercera novela.*

1º	primer**o**/**a**, primer	6º	sext**o**/**a**	11º	undécim**o**/**a**
2º	segund**o**/**a**	7º	séptim**o**/**a**	12º	duodécim**o**/**a**
3º	tercer**o**/**a**, tercer	8º	octav**o**/**a**	13º	decimotercer**o**/**a**
4º	cuart**o**/**a**	9º	noven**o**/**a**	14º	decimocuart**o**/**a**
5º	quint**o**/**a**	10º	décim**o**/**a**	20º	vigésim**o**/**a**

7. LOS INDEFINIDOS

Los indefinidos son palabras que se usan para indicar existencia o cantidad de forma poco precisa.

*En mi ciudad ideal hay **muchos** bares, **bastantes** cines y **pocos** coches.*

Singular		Plural	
Masculino	Femenino	Masculino	Femenino
poco	poca	pocos	pocas
mucho	mucha	muchos	muchas
bastante		bastantes	

APÉNDICE GRAMATICAL

8. LOS PRONOMBRES PERSONALES SUJETO

Los **pronombres personales sujeto** indican la persona o personas que realizan la acción del verbo. Los pronombres personales sujeto **concuerdan** con el verbo en **número** y **persona**.

	Singular		Plural	
	Masculino	Femenino	Masculino	Femenino
1ª persona	yo		nosotros	nosotras
2ª persona	tú, usted		vosotros	vosotras
3ª persona	él	ella	ellos	ellas

En español no es necesario usar el pronombre personal sujeto. Las terminaciones del verbo indican de qué persona gramatical se trata.

Se llama Pablo, tiene 33 años y vive en Bangkok.
(él)

¿Cómo os llamáis?
(vosotros/vosotras)

Utilizamos el pronombre personal sujeto cuando queremos contrastar informaciones, opiniones, etc.

Yo me llamo María y ella se llama Margarita.
- ¿Eres Cristina?
- No, yo soy Leticia; ella es Cristina.

En España, **tú** y **vosotros/as** indican una relación de confianza y **usted** y **ustedes** se utilizan para mostrar respeto en situaciones formales (con personas mayores, por ejemplo). En Canarias y algunos países de América, se utiliza solo **ustedes** para la segunda persona del plural.

¡Atención! cuando usamos **usted** o **ustedes** necesitamos la tercera persona del verbo:

*¿**Usted es** el señor Rodríguez?*   *¿**Tienen ustedes** los billetes?*

En algunos países, como Argentina o Bolivia, se dice **usted** o **vos**, y no se utiliza el pronombre **tú**.

9. LOS PRONOMBRES INTERROGATIVOS

Los **pronombres interrogativos** son palabras que utilizamos para preguntar por algo que no conocemos. Normalmente, se ponen al principio de la frase y, a veces, van precedidas de una preposición.

Qué se utiliza para:
- preguntar para identificar una cosa, una actividad:

    *¿**Qué** lenguas hablas?*   *¿**Qué** palabras conoces en español?*

- preguntar por algo abstracto:

    *¿**Qué** significa adiós?*   *¿**Qué** haces?*

Quién/Quiénes se utilizan para identificar a una o varias personas:

    *¿**Quién** es tu padre?*   *¿**Quiénes** son tus amigos?*

APÉNDICE GRAMATICAL

Cuánto, cuánta, cuántos, cuántas se utilizan para pregunta por una cantidad:

        ¿***Cuántos*** *años tienes?*   ¿***Cuántas*** *veces comes fruta a la semana?*

Cómo se utilizar para preguntar por:
- el nombre y el apellido: ¿***Cómo*** *te llamas?*
- el modo de hacer algo: ¿***Cómo*** *vas al colegio?*
- la descripción de alguien: ¿***Cómo*** *es tu hermana?*

Cuándo se utiliza para preguntar por la localización en el tiempo: ¿***Cuándo*** *empiezan las vacaciones?*

Dónde se utiliza para preguntar por el lugar: ¿***Dónde*** *vives?* ¿***Dónde*** *está la biblioteca?*

Por qué se utiliza para preguntar por la causa: ¿***Por qué*** *estudias español?*

Para qué se utiliza para preguntar por utilidad o finalidad de algo: ¿***Para qué*** *sirve un armario?*

10. LOS ADVERBIOS

Los **adverbios** indican circunstancias de lugar, tiempo, modo, cantidad, etc. Modifican a un verbo, a un adjetivo o a otro adverbio.

    *Me gusta **mucho** jugar al fútbol.*   *Mi hermana es **bastante** simpática.*

Pueden ser:

- **De tiempo:** *antes, ahora, después, pronto, temprano, tarde.*
  *Ven **pronto** a casa.*
  *Hoy me acuesto **temprano**.*
  ***Después** de clase vamos al cine.*

- **De lugar:** *aquí, allí, cerca, lejos…*
  *En verano, voy a estar **aquí**, en Madrid.*

- **De modo:** *bien, mal, deprisa, despacio…*
  *Come **despacio**.*
  *Escúchame **bien**.*
  *Cantas muy **mal**.*

- **De frecuencia:**
  Para expresar frecuencia.

	LUNES	MARTES	MIÉRCOLES	JUEVES	VIERNES	SÁBADO	DOMINGO
SIEMPRE	X	X	X	X	X	X	X
CASI SIEMPRE	X	X	X		X	X	X
A VECES	X		X		X		X
CASI NUNCA	X			X			
NUNCA							

APÉNDICE GRAMATICAL

- **De afirmación y de negación:** sí, no, también, tampoco.
  > Me gusta el cine francés. A mí **también**.
  > No te gusta bailar, ¿eh? A mí **tampoco**.

- **De cantidad:** muy/mucho, demasiado, bastante, un poco.
  > Mi hermano es **muy simpático**.
  > Julián es **bastante alto**.
  > Susana es **un poco antipática**.

¿Muy o mucho?

Mucho complementa a verbos.
Muy complementa a adverbios y a adjetivos.

> Me gusta **mucho jugar** al fútbol.
> Habla español **muy bien**.
> Juan es **muy alto**.

11. LAS PREPOSICIONES

	USOS	EJEMPLOS
A	punto de llegada o destino	Este verano voy **a** Nicaragua con mis amigas.
	límite en el tiempo	Tengo clase de ocho **a** nueve.
	ante un objeto indirecto o directo de persona	¿Conoces **a** Manuel?
	hora	Los viernes me levanto **a** las siete de la mañana.
	punto de referencia para localizar otra cosa	Vivo frente **a** la catedral.
	orientación	Gira **a la derecha** y después **a la izquierda**.
CON	compañía	Hoy salgo a cenar **con** mis amigas.
DE	punto de partida u origen	Soy **de** Nigeria.
	contenido de algo	Tengo clase **de** español.
	momento de inicio	Tengo clase de alemán al salir del trabajo, **de** ocho a nueve.
	parentesco y posesión	El padre **de** Amira. El libro **de** Ana.
	punto de referencia para localizar otra cosa	Mi casa está **cerca de** la estación de Atocha.
EN	lugar	El lago Atitlán está **en** Guatemala.
	tiempo	**En** verano voy siempre en bici por la ciudad.
	medio de transporte	Voy **en** metro. Ahora te llamo.

De y **a** son las dos únicas preposiciones que siempre forman una sola palabra con el artículo **el**:

> Voy **al** cine.   Es un amigo **del** trabajo.

APÉNDICE GRAMATICAL

Preposiciones ubicación
- Debajo de
- Encima de
- Entre

Para expresar dirección

- Cerca (de)
- Al final (de)
- A la derecha (de)
- A la izquierda (de)
- Todo recto

12. ORACIONES COORDINADAS Y SUBORDINADAS

Las conjunciones son palabras que sirven para enlazar palabras u oraciones. Hay dos clases de conjunciones: coordinantes y subordinantes.

12.1 ORACIONES COORDINADAS

TIPO	CONJUNCIÓN	EJEMPLO
Copulativas: indican suma	**y, e, ni** Utilizamos e cuando la palabra que sigue a la conjunción empieza por i o hi	Me gusta mucho leer **y** ver películas. Hablo francés **e** inglés. No quiero estar aquí **ni** allí, no sé qué quiero hacer.
Disyuntivas: indican opción	**o, u** Utilizamos u cuando la palabra siguiente empieza por o u ho	¿Te gusta más la comida mexicana **o** la japonesa? Tiene una familia muy grande. ¡Son siete **u** ocho hermanos!
Adversativas: indican contraposición	**pero**	Soy de Irán, **pero** vivo en Estados Unidos.

12.2 ORACIONES SUBORDINADAS

TIPO	NEXO	EJEMPLO
De relativo: para describir objetos, lugares o personas que aparecen en una oración podemos crear una nueva oración y unir ambas con que	**que**	El chico vive aquí. + El chico es muy simpático. = El chico **que** vive aquí es muy simpático.
Completivas: introducen la causa de algo	**que**	Creo **que** voy a ir de paseo.
Causales: introducen la causa de algo	**porque**	No puedo ir a la fiesta **porque** estoy enfermo.
Finales: para expresar finalidad	**para** + infinitivo	Aprendo español **para** viajar a Cuba.
Condicionales: introducen una condición	**si**	**Si** no llueve, hacemos una merienda y jugamos en el jardín.

¡Atención!

Para responder o explicar la causa, se utiliza **porque**.

***Porque** quiero viajar a Nicaragua.*

Para **preguntar** por la causa de una acción, se utiliza **por qué**.

*¿**Por qué** quieres aprender español?*

13. EL VERBO

Los verbos son las palabras que sirven para expresar acciones. En español, los verbos pueden pertenecer a tres conjugaciones.

1ª conjugación	Infinitivos terminados en **-ar**	*hablar, saludar, estudiar*
2ª conjugación	Infinitivos terminados en **-er**	*leer, responder, aprender*
3ª conjugación	Infinitivos terminados en **-ir**	*escribir, describir, repetir*

13.1 EL PRESENTE DE INDICATIVO

Usamos el presente:

- para hablar sobre hechos que suceden en el momento en el que hablamos:

    ¿Qué haces? Escribo una carta a mi hermano.

- para hacer referencia a hechos generales: *En Chile, el verano comienza el 21 de diciembre.*
- para hablar sobre el futuro próximo cuando hablamos de acciones previstas o planificadas:

    Este fin de semana vamos al cine.

	-ar	-er	-ir
	Hablar	**Creer**	**Vivir**
Yo	hablo	creo	vivo
Tú	hablas	crees	vives
Él, Ella, Usted	habla	cree	vive
Nosotros/as	hablamos	creemos	vivimos
Vosotros/as	habláis	creéis	vivís
Ellos, Ellas, Ustedes	hablan	creen	viven

APÉNDICE GRAMATICAL

13.2 EL PRESENTE DE INDICATIVO DE LOS VERBOS IRREGULARES

Verbos con irregularidades vocálicas

Cambia la raíz del verbo cuando en esa sílaba está el acento, esto es en todas las personas excepto en la primera y la segunda del plural (nosotros/as y vosotros/as).

	E → IE Querer	O → UE Dormir	U → UE Jugar
Yo	quiero	duermo	juego
Tú	quieres	duermes	juegas
Él, Ella, Usted	quiere	duerme	juega
Nosotros/as	queremos	dormimos	jugamos
Vosotros/as	queréis	dormís	jugáis
Ellos, Ellas, Ustedes	quieren	duermen	juegan

Se conjugan como *querer*: preferir, pensar.

> **Quiero** tomar un café. ¿Tú qué **quieres** tomar?
> **Prefiero** un té.
> ¿Qué **piensas**?

Se conjugan como *dormir*: volver, contar.

> ¿Cuándo **vuelves**?
> Yo **duermo** mucho. Me encanta dormir. ¿Tú cuántas horas **duermes**?

Verbos con la primera persona irregular

	Hacer	Saber	Estar	Salir
Yo	hago	sé	estoy	salgo
Tú	haces	sabes	estás	sales
Él, Ella, Usted	hace	sabe	está	sale
Nosotros/as	hacemos	sabemos	estamos	salimos
Vosotros/as	hacéis	sabéis	estáis	salís
Ellos, Ellas, Ustedes	hacen	saben	están	salen

Verbos con varias irregularidades

Hay verbos que son irregulares en la primera persona del singular y tienen también otra irregularidad.

	Tener	Venir
Yo	tengo	vengo
Tú	tienes	vienes
Él, Ella, Usted	tiene	viene
Nosotros/as	tenemos	venimos
Vosotros/as	tenéis	venís
Ellos, Ellas, Ustedes	tienen	vienen

APÉNDICE GRAMATICAL

Verbos totalmente irregulares

	Ser	Ir
Yo	soy	voy
Tú	eres	vas
Él, Ella, Usted	es	va
Nosotros/as	somos	vamos
Vosotros/as	sois	vais
Ellos, Ellas, Ustedes	son	van

13.3 VERBOS PRONOMINALES Y REFLEXIVOS

Se conjugan con los pronombres *me, se te, nos, os, se.*
En las oraciones con verbos en forma reflexiva el sujeto y el complemento se refieren a la misma persona o cosa. Es decir, los efectos del verbo se realizan sobre el mismo sujeto.

*Después de cenar, Luisito y yo **nos lavamos** los dientes.*
*Calixta **se ducha** siempre después de correr.*

	Llamarse	Levantarse
Yo	me llamo	me levanto
Tú	te llamas	te levantas
Él, Ella, Usted	se llama	se levanta
Nosotros/as	nos llamamos	nos levantamos
Vosotros/as	os llamáis	os levantáis
Ellos, Ellas, Ustedes	se llaman	se levantan

Se conjugan como llamarse o levantarse: *ducharse, acostarse, despedirse, presentarse*

13.4 VERBOS DE VALORACIÓN

El verbo *gustar*, y otros verbos de valoración o afección como *encantar* o *interesar*, normalmente se conjugan en la tercera persona del singular o del plural. El sujeto es lo que nos gusta o valoramos.

***Me gusta** el coche de Juan.*   ***Me gustan** las películas de acción.*

Cuando lo que nos gusta es una acción, el verbo *gustar* se conjuga en la tercera persona del singular.

***Me gusta** ir al cine los domingos.*   ***Me gusta** ver películas de miedo.*

El verbo *gustar* siempre va acompañado de pronombres: *me, te, le, nos, os, les.*

APÉNDICE GRAMATICAL

(A mí)	me	gusta	• el coche de Juan • conducir el coche de Juan
(A ti)	te		
(A él, ella, usted)	le		
(A nosotros/as)	nos	gustan	• los coches
(A vosotros/as)	os		
(A ellos, ellas)	les		

¡Atención!

Se utiliza *a mí, a ti, a ella*, etc. para especificar de quién se habla, pero su uso no es obligatorio.

Le gusta mucho ir al cine sola.
¿A quién?
A Flora (le gusta mucho ir al cine sola).

Para contrastar gustos se utilizan las siguientes expresiones:

• A mí me gusta • A mí también • A mí no	• A mí no me gusta • A mí tampoco • A mí sí

13.5 EL VERBO *SER*

El verbo *ser* se utiliza para:
- Definir.

    Abuelo es el padre de mi padre.

- Identificar.

    Bogotá es la capital de Colombia.   *Yo soy tu padre.*

- Referirse a las características propias de una persona, objeto o lugar (nacionalidad, profesión, aspecto físico, carácter, color...).

    María es guatemalteca.   *Justin es simpático.*
    Margarita es pelirroja.   *Cristina es profesora.*
    Julio es muy moreno.

- Expresar la hora.

    ¿Qué hora es? Son las tres menos veinte.

13.6 EL VERBO *ESTAR*

El verbo *estar* se usa para hablar de la situación de un objeto o de una persona:
- Se usa para situar o localizar en el espacio algo que el oyente sabe que existe, que solo existe uno o que se ha mencionado anteriormente:

    Cuzco está en Perú.   *¿El cine está en esa calle?*

- Se usa para indicar estado, cómo se encuentra una persona o un objeto:

    Esta paella está buenísima.   *Estoy embarazada.*

Para situar o localizar en el espacio, *está(n)* se utiliza con el artículo determinado: *el, la, los, las.*

*El cine **está** aquí cerca. ¡Vamos!*

***Hay** un cine aquí cerca.*

~~*Hay el*~~ *cine aquí cerca.*

13.7 *HAY/ESTÁ(N)*

- Utilizamos hay para indicar existencia y preguntar sobre un lugar que no se ha mencionado antes. La información es desconocida para el oyente.

    *En mi barrio **hay** dos piscinas y muchos bares.*

    *En mi universidad **hay** muchos estudiantes.*

    *Perdona, ¿sabes si **hay** una farmacia por aquí cerca?*

    *Por favor, ¿sabe dónde **hay** un supermercado?*

- Utilizamos *está(n)* cuando queremos situar en el espacio algo que ya sabemos que existe o que se ha mencionado.
    ***Hay** un supermercado en la calle Ancha, al lado de la Farmacia.*

¡Atención!

Hay no tiene forma plural. Siempre se utiliza la forma singular.

*En mi pueblo **hay** restaurantes estupendos*   *En mi pueblo **hay** un restaurante estupendo*

Hay se utiliza con el artículo indeterminado (un, una, unos, unas) o con **expresiones de cantidad** (mucho, mucha, muchos, muchas, poco, poca, pocos, pocas)

*En mi barrio **hay** pocos bares*   *En mi universidad **hay** muchos estudiantes*

13.8 *IR* + *A* + INFINITIVO

Para hablar de planes que tenemos utilizamos *ir + a + infinitivo*.
*Este verano **voy a ir** a la playa.*
*En vacaciones **vamos a ir** a Bogotá.*

13.9 *QUERER* + INFINITIVO

Para hablar de intenciones utilizamos *querer + infinitivo*.
***Quiero tomar** un café. ¿Tú qué quieres tomar?*
*Nosotros **queremos estudiar** español.*

13.10 *SABER* + INFINITIVO

El verbo *saber* seguido de infinitivo expresa habilidad para hacer algo.

***Sé tocar** el piano.*   *Luisa **sabe bailar** tango y cha cha chá*

PRONUNCIACIÓN Y ORTOGRAFÍA

Los sonidos y las letras

Estas son algunas normas sobre la pronunciación de ciertos sonidos y su escritura.

El sonido /θ/	El sonido /θ/ se representa con las letras c y z. Escribimos c delante de las vocales e, i: do**ce**, **ce**bra, Lu**cí**a Escribimos z delante de la vocales a, o, u: pi**za**rra, **zoo**, **zu**mo La letra z también puede ir al final de palabra: lápi**z**
El sonido /x/	El sonido /x/ se representa con las letras j y g. Escribimos j delante de las vocales a, e, i, o, u, al principio de palabra, en el medio o al final: ca**ja**, ti**je**ras, **ji**rafa, o**jo**, **ju**eves, relo**j**. Escribimos g delante de la vocales e, i: **ge**nte, **gi**mnasio.
El sonido /k/	El sonido /k/ se representa con las letras c, k, qu. Escribimos c delante de las vocales a, o, u o delante de una consonante: **ca**torce, **co**sa, **cu**aderno, **cl**ase. Escribimos k delante de la vocal i: **ki**lo. Escribimos qu delante de las vocales e, i: **qu**eso, **qu**iero.
Los sonidos /r/ y /rr/	Los sonidos /r/ y /rr/ se representan con las letras r y rr. Escribimos con r: • El sonido suave /r/ entre vocales: núm**er**o, cám**ar**a, ba**ra**ta. • El sonido suave /r/ al final de sílaba o de palabra y en los grupos consonánticos: ve**r**dura, **pr**ofesor, **fr**ancés. • El sonido fuerte /rr/ detrás de l, n o s: al**r**ededor, En**r**ique, Is**r**ael. • El sonido fuerte /rr/ al comienzo de palabra: **R**amón, **r**ojo, **r**eloj Escribimos con rr: • El sonido fuerte entre vocales: a**rr**oz, pe**rr**o, ba**rr**io.
El sonido /b/	El sonido /b/ se representa con las letras b y v. Escribimos con la letra b: • Las palabras que empiezan por biblio-: **biblio**teca. • El sonido /b/ precedido de otra consonante: ha**bl**ar, o**bj**eto, ama**bl**e. • Las palabras que empiezan por abo- y abu-: **abo**gado, **abu**ela. • Los verbos haber, beber, saber y sus derivados: **b**ebo, sa**b**emos, **b**e**b**ida. Escribimos con la letra v: • Tras las sílabas iniciales lla-, lle-, llo-, llu-: lla**v**e, llo**v**er, llu**v**ia. • Los adjetivos terminados en -avo,/a, ave, -evo/a, -eve, -ivo/a: octa**vo/a**, nue**vo/a**, nu**eve**. • Las palabras que comienzan por vídeo-: **vídeo**consola, **vídeo**juego… • Los verbos ver y venir y sus derivados: **v**eo, **v**enimos, **v**ista.

Los signos de puntuación

Escribimos ¿ al principio de una pregunta. Escribimos ? al final. *¿Qué hora es?*
Escribimos ¡ al principio de una exclamación. Escribimos ! al final. *¡Qué bonito es Bogotá!*

Las mayúsculas

Escribimos con mayúscula:

- La primera palabra de un texto. ***M**añana voy al cine.*
- La palabra que aparece detrás de un punto. ***M**añana es jueves. **V**oy a ir al cine con mi hermano.*
- Los nombres propios: ***P**aula, **L**ucía, **S**ofía, **D**aniel, **A**lejandro, **P**ablo…*
- Los apellidos: ***L**ópez, **G**arcía, **M**árquez, **G**utiérrez, **S**ánchez, **R**odríguez…*
- Los nombres propios de ciudades: ***M**adrid, **S**antiago de Chile, **P**arís, **L**ondres…*

TRANSCRIPCIONES

UNIDAD 0

Pista 1:

Sonido 1: megafonía de Barajas y sonido de aviones despegando y aterrizando.

Sonido 2: sonido de una guitarra.

Sonido 3: sonido de un tango.

Sonido 4: sonido de una mujer roncando.

Sonido 5: sonido de tráfico y coches pitando.

Pista 2:

1. Escucha
2. Relaciona
3. Mira
4. Lee
5. Habla con tus compañeros
6. Imagina
7. Juega
8. Escribe

UNIDAD 1

Pista 3:

James: ¡Adiós!

James: ¡Buenos días!

James: ¡Hola, Mei Ling! ¿Qué tal?

Mei Ling: ¡Hola! Muy bien, ¿y tú?

Profesora: ¡Hola! ¿Qué tal, chicos?

– Buenos días, profesora.

Profesora: Os presento a un nuevo compañero de clase. ¿Cómo te llamas?

Tiago: Me llamo Tiago, mucho gusto.

James: Profesora, ¿qué significa mucho gusto?

Profesora: Mucho gusto significa encantado.

James: ¡Ah! Gracias.

Mei Ling: Hola. Hola, Tiago. Bienvenido

Mei Ling: ¿Cómo se escribe tu nombre, con te o con de?

Tiago: Con te, i, a, ge, o.

Profesora: Bueno. ¡Hasta mañana!

– ¡Adiós, profesora! Adiós.

Pista 4:

Radio 1:

Presentador: Hola. Buenos días, bienvenidos a Radio 1. Hoy escuchamos a un grupo de México. Son cinco músicos y tocan Mariachis. Hola, chicos. ¿cómo os llamáis?

Un hombre: Nosotros nos llamamos los Tigres del Norte.

Presentador: Tigres del Norte. ¡Qué buen nombre! Sois de México, ¿no?

Otro hombre: Sí, somos mexicanos.

Radio 2:

Presentador: Buenas tardes, hoy hablamos con un grupo de Argentina. Ellos son Los Enanitos verdes. Bienvenidos, Enanitos verdes.

Un hombre: Hola, buenas tardes.

Presentador: Os llamáis los enanitos verdes, pero no sois verdes.

Radio 3:

Presentador: Buenas noches. Aquí estamos con un grupo de música punk. Ellos son de España. Hola, ¿cómo se llama vuestro grupo?

Hombre: Buenas noches. Nosotros somos Hamburguesa vegetal.

Presentador: ¡Hamburguesa vegetal! ¿Sois vegetarianos?

Radio 4:

Presentador: ¡Hola! ¡Hola a todo el mundo! Sois el grupo de música *indie* del momento.

Chica: Hola.

Presentador: ¡Hola a todo el mundo! ¡Qué nombre tan original!

Chica: Sí. Es un nombre bonito, ¿verdad?

Pista 5:

Profesor: Vamos a jugar a un juego: ¿Qué hay en vuestras mochilas? Decid el nombre de una cosa. ¿Qué hay en tu bolso Mei Ling?

Mei Ling: En mi bolso hay un USB.

Profesor: ¿Qué hay en tu mochila Tiago?

Tiago: En mi mochila hay un DVD.

Profesor: ¿Y tú James?

James: En mi mochila hay un lector de MP3.

Pista 6:

A	Habana
be	Bolígrafo
ce	Cartera
de	Adiós
e	España
efe	Folio
ge	Gafas
hache	Hospital
i	Italia

TRANSCRIPCIONES

jota	Japón
ca	Kilo
ele	Luna
eme	Mañana
ene	Nuevo
eñe	Otoño
o	Hombre
pe	Peine
cu	Queso
erre	Reloj
ese	Silla
te	Teléfono
u	Mujer
uve	Verano
uve doble	Whisky
equis	Taxi
i griega o ye	Mayo
ceta	Taza

Pista 7:

1. Unas llaves
2. Un peine
3. Unas gafas
4. Una cartera
5. Una libreta
6. Un móvil

Pista 8:

1. La cartera
2. El pasaporte
3. El reloj
4. La tarjeta

Pista 9:

Elena: ¿Qué que tengo en el bolso? Hmmm, a ver, tengo una cámara de fotos, un Ipad, unas gafas, mi móvil, unos lápices y una manzana.

Tiago: Yo tengo mi móvil, mi cartera, las llaves de mi coche y mis gafas... ¡Ah! Y mi cámara, claro. Muy importante mi cámara para hacer fotos de España.

James: Pues yo no tengo cámara de fotos. Yo solo llevo mi móvil, mis gafas, el pasaporte, mis tarjetas de crédito, mi reloj y una libreta para apuntar todas las palabras nuevas de español.

Tiago: Qué buena idea.

Pista 10:

- Hola, me llamo María y tengo trece años.
- Hola, me llamo Juanjo y tengo diecinueve años.
- Hola, yo soy Isabel y tengo veinticinco años.
- Hola, somos Luisa y Paco. Yo tengo 35 años y él tiene 33 años.
- Hola, nosotros somos Antonio y Aurora. Yo tengo 58 y ella tiene 49.

Pista 11:

Ge, u, a, te, e, eme, a, ele, a; Guatemala.

UNIDAD 2

Pista 12:

1. La milonga es argentina.
2. La salsa es cubana.
3. El candombe es uruguayo.
4. El flamenco es español.
5. La cumbia es colombiana.

Pista 13:

Profesora: A ver, chicos ¿de dónde creéis que es el tango?

Tiago: Pues yo creo que es cubano.

Mei Ling: ¿Tú crees que es de Cuba? Mmm... no sé, Peter y yo creemos que el tango es argentino.

James: Yo también creo que es argentino, pero Sophie cree que es de España.

Profesora: Bueno, bueno... ¡Qué difícil! Unos creen que es de Argentina, otros que es cubano, otros que es español... Pues, en realidad, el tango es argentino.

Pista 14:

Andrés: Hola, ¿qué tal? Bienvenido a la fiesta de Mundos de lengua. ¿Cómo te llamas?

Naresh: Me llamo Naresh Chakravarti.

Andrés: ¡Uy! ¡Qué difícil! ¿Cómo se escribe?

Naresh: Ce, hache, a, ka, erre, a, uve, a, erre, te, i.

Andrés: ¿De dónde eres?

Naresh: Soy de la India, de Mumbai.

Andrés: Perfecto. ¿Y cuántos años tienes?

Naresh: 23.

Andrés: Vale. ¿Cuál es tu número de teléfono?

Naresh: A ver..., es el 6, 8, 6, 5, 0, 9, 7, 8, 2.

TRANSCRIPCIONES

Andrés: Muy bien. ¿Me das tu correo electrónico?

Naresh: Sí, naresh92@gmail.com.

Andrés: ¿En qué trabajas?

Naresh: Eeh no trabajo, soy estudiante.

Andrés: Estupendo. Una pregunta más. ¿Cuántos idiomas hablas?

Naresh: Hablo inglés, hindi y español.

Andrés: ¡Muy bien! Pues aquí tienes una etiqueta con tu nombre. Entra.

Pista 15:

Audio 1:

George: ¡Buenas tardes! ¿La fiesta de Mundos de lengua?

Andrés: Sí, es aquí. ¿Cómo te llamas?

George: George Vrazel, con uve.

Andrés: Vale...George... ¿Vrazel? Uve, erre, a, ce...

George: No, no, zeta. Es uve, erre, a, zeta, e, ele. Vrazel.

Andrés: Perfecto. ¿Y de dónde eres?

George: Soy de New Orleans.

Andrés: ¿Nueva Orleans? Vale, nacionalidad estadounidense ¿Edad?

George: Tengo 58 años.

Andrés: ¿Tienes número de teléfono?

George: Sí. 6, 6, 6, 7, 4 5, 1, 1, 8.

Andrés: Ammmm. ¿Y tu correo electrónico?

George: GVtraductor@gmail.com

Andrés: ¿Eres traductor?

George: Sí, soy traductor.

Andrés: ¿Y cuántas lenguas hablas?

George: Pues hablo inglés, español y un poco de italiano.

Andrés: Genial. Pasa.

Audio 2:

Charo: ¡Hola! ¿Es aquí la fiesta de intercambio de lenguas?

Andrés: Sí, sí, pasa.

Charo: Mira, yo soy española pero hablo un poco de alemán y quiero practicar ...¿Está bien?

Andrés: ¡Claro! A ver ¿cómo te llamas?

Charo: Me llamo Rosario Peña bueno, todos mis amigos me llaman Charo Peña.

Andrés: Vale...Charo. ¿Cuántos años tienes?

Charo: Pues tengo 53 años.

Andrés: ¡Estupendo! ¿Tu número de teléfono?

Charo: Sí, mira, es el 6, 5, 7, 0, 8, 0, 2, 4, 7.

Andrés: ¿Y tienes correo electrónico?

Charo: Sí, charovivalavida@yahoo.es.

Andrés: Genial. ¿Estudias o trabajas, Charo?

Charo: Trabajo, trabajo. Soy profesora de yoga.

Andrés: Mmmm. Vale. ¿Y cuántos idiomas hablas?

Charo: ¡Ay! Solo español, bueno, y un poquito de hindi...

Andrés: Pues ya está todo. Toma tu etiqueta. Pasa.

Pista 16:

Diálogo 1:

Hombre: ¡Telefonía teléfonos libres, Buenos días! Soy Nacho, ¿en qué puedo ayudarle?

Mujer: Buenos días, no funciona internet y necesito Internet para mi trabajo.

Hombre: Muy bien. ¿Cómo se llama?

Mujer: Begoña.

Hombre: ¿Beco...?

Mujer: No, Beee Gooo Ñaaa.

Hombre: Perdone, ¿cómo se escribe?

Mujer: Es difícil, be, e, ge, o, eñe, a. Begoña.

Hombre: Be-go-ña ¡Vale!

Diálogo 2:

Hombre: ¿Cómo se apellida?

Mujer: Iñárritu.

Hombre: ¿Iñaqué?

Mujer: i, eñe, erre, erre, i, te, u. IÑÁRRITU.

Hombre: ¡Ah! Iñárritu. Gracias.

Diálogo 3:

Hombre: Por favor, ¿Dónde vive?

Mujer: En Santoña.

Hombre: ¿Cómo?

Mujer: Ese, a, ene, te, o, eñe, a. Santoña. ¿No lo conoces? En Cantabria.

Hombre: No.

Diálogo 4:

Hombre: ¿Me puede decir el nombre de la calle y el número?

Mujer: Sí, vivo en la calle Cañaveral.

Hombre: Ca-ña-ve-ral. ¡Vale! ¡Perfecto!

TRANSCRIPCIONES

Pista 17:

1. España
2. Niña
3. Cana
4. Mañana
5. Íñigo
6. Sana
7. Montaña
8. Cumpleaños
9. Cantina

Pista 18:

- ¿Habla español?
- Es chino.
- ¿Vive en Argentina?
- ¿Es profesora?

UNIDAD 3

Pista 19:

Locutor: Buenos días, hoy hablamos de una mujer increíble. Es alta, es morena, es guapa e inteligente, y es famosa por aparecer en un video de Sia y Eminen. Es modelo en una marca muy famosa de ropa española. Tiene 20 años y estudia periodismo, pero es famosa por ser modelo de Desigual. Es canadiense, pero con su trabajo viaja a todo el mundo. Hoy está en Barcelona, mañana en París, es la vida de una modelo famosa. ¿Sabes quién es? Es Chantelle Winnie. Habla un poco español, así que hoy podemos hablar con ella. ¡Hola Chantelle!

Pista 20:

Diálogo 1.

Chico: ¡Ay! Pues no son muy feos. Creo que algunos son guapos.

Chica: Sí. Mira este rubio de pelo rizado. ¡Es muy guapo!

Chico: Bueno, guapo, guapo no es.

Chica: Pues yo creo que sí. Además es muy delgado.

Diálogo 2

Chica: Mira este. Este sí que no es guapo.

Chico: ¿Quién? ¿El de los tatuajes?

Chica: Sí, es un poco bajito, pero creo que es simpático.

Chico: Jaja, eso sí.

Diálogo 3

Chico: Las chicas sí son guapas.

Chica: Sí. Todas. Mira esta chica morenita con los ojos azules, ¡qué guapa!

Chico: Sí. Es verdad. No entiendo por qué se llama agencia de modelos feos. Yo creo que son normales, no son feos.

Pista 21:

María: Carlos tiene muchos amigos y todos son muuuuy diferentes. Juanjo, por ejemplo, es un chico muy inteligente y bastante tímido. Es muy diferente a Jimena, que es una chica muy alegre, simpática y sociable, tiene muchos amigos. No como Graciela, que es muy seria y trabajadora, y no tiene demasiados amigos, porque la verdad es que es un poco antipática. Y Gabriel, el mejor amigo de Carlos, es un chico muy sociable y alegre, ¡siempre está de fiesta!

Pista 22:

Carlos: ¡Mi amigo cambia muchísimo! Es increíble, por la mañana es muy tímido, en la oficina no habla con sus compañeros. Y es muy trabajador, trabaja muchísimo, unas 10 horas al día. Es muy inteligente, sí, y disfruta mucho su trabajo, pero no de sus compañeros, claro. Por la tarde está más relajado y más simpático, y claro por la noche, por la noche es muy diferente. Se quita las gafas y se convierte en el chico más sociable y alegre que conozco. Va a un club de lectura donde tiene muchos amigos y habla con todo el mundo.

Pista 23:

Gimnasia /García /Guatemala /Gerardo / Cigüeña / Pingüino /Gordita /Guapo /Javier /Jesús /Jimena / Hijo / Juan.

Pista 24:

Y los ganadores del concurso son:

Jimena Guerra de Gijón

Joaquín González de Güevéjar

Gerardo Gutiérrez de Guadalajara

Gaizkane Eguiguren de Guecho

Javier de Guindos de Guarromán

Juana Gaviria de Getafe

Guo Fen Lin de Leganés

y Guillermo Güiza de Jávea

¡Enhorabuena!

Pista 25:

Había una vieja, virueja, de pico, picotueja, que tenía tres hijos, virijos, de pico, picotijos.

TRANSCRIPCIONES

Pista 26:

Presentador: Esta tarde hablamos de nuestro tema favorito: las familias de los famosos. Por ejemplo, aquí tenemos a Gael García Bernal con su madre Patricia Bernal.¡Son muy parecidos! Y mira, en esta otra imagen está el actor español Javier Bardem con su hermano Carlos Bardem.

Presentadora: Pues aquí están Salma Hayek y su marido. Es bastante mayor, pero muy atractivo. Y ella es guapísima. Y mira, en esta otra imagen está Shakira con su padre. ¡Shakira no se parece en nada a su padre!

Presentador: Es cierto. No se parecen en nada. Los que sí son iguales son María y Paco León, que son hermanos y trabajan juntos en varias películas.

Pista 27:

Entrevistador: Pasamos a la siguiente llamada. ¿Hola?

Aysha: Hola, buenos días.

Entrevistador: Buenos días, ¿cómo te llamas?

Aysha: Aysha.

Entrevistador: Aysha. No es español ese nombre. ¿De dónde es?

Aysha: Es Libanés.Mi mamá y yo vivimos en Líbano mucho tiempo.

Entrevistador: ¿Y desde dónde nos llamas?

Aysha: De Madrid.

Entrevistador: De Madrid. Muy bien, Aysha. Dime, ¿de dónde son tus padres?

Aysha: Mi madre es cubana y mi padre es español, pero viven en Polonia.

Entrevistador: ¿Y cómo se llaman?

Aysha: Mi madre se llama Nitzia y mi padre, Ernesto.

Entrevistador: ¿Tienes hermanos?

Aysha: Sí, dos. Se llaman Kiko y Moncho.

Entrevistador: ¿Y tus hermanos también viven en Polonia?

Aysha: Kiko vive en Polonia, pero Moncho, nuestro gato, vive en Valencia. Tenemos una casa en Valencia y vive con nuestros vecinos. Su casa es muy grande.

Entrevistador: ¡Ah! ¡Moncho es vuestro gato, no es una persona! Jajaja. ¿Y la familia de tu madre dónde vive?

Aysha: Sus padres, mis abuelos Cachita y Luis, viven en Cuba y su hermana, mi tía Sandra, vive en Florida, en Estados Unidos.

Entrevistador: Entonces sois una familia muy internacional. Imagino que hablas muchos idiomas. ¿Cuántos idiomas hablas?

Aysha: Yo hablo español, inglés, japonés, árabe, francés y estudio coreano… Es que mi novio es coreano.

Pista 28:

Juan Carlos: Quiero muchísimo a Genoveva, es la mujer de mi vida, sin duda. Inteligente, muy sociable, divertida y, muy muy guapa. Genoveva es alta y delgada. Es pelirroja, tiene el pelo largo y liso y lo que más me gusta que tiene unos ojos azules preciosos. Es la mujer perfecta. Además le encantan las rosas.

UNIDAD 4

Pista 29:

Periodista: Hoy estamos con el psicólogo experto en aficiones inteligentes el Doctor Javier González. Buenos días, Doctor.

Señor: Buenos días.

Periodista: Señor González, usted es un experto en aficiones inteligentes. Según su estudio, las cosas que hacemos en nuestro tiempo libre son muy importantes en nuestra vida. ¿Qué aficiones podemos realizar para ser más inteligentes?

Señor: Bueno, es muy importante hacer cosas diferentes en el tiempo libre, no hay solo una o dos aficiones inteligentes, pero algunas aficiones son muy buenas. La gente que es muy inteligente practica con frecuencia. Por ejemplo, sabemos que leer todos los días es muy bueno para desarrollar la inteligencia: leer el periódico todos los días, por ejemplo, es una buena costumbre, porque leemos temas muy diferentes. Sin embargo, no todas las aficiones deben ser estudiar idiomas o leer, también es muy importante hacer deporte.

Periodista: ¡Ah! ¿Sí?

Señor: Sí. El deporte es muy bueno para nosotros. Una persona que hace deporte, por ejemplo, puede estudiar y concentrarse mejor después de hacer deporte.

Periodista: ¿Y hay un tipo de deporte especialmente bueno?

Señor: Todos son buenos. Fútbol, baloncesto, el que más nos guste. Si no nos gusta el deporte, podemos caminar o bailar. Bailar es muy bueno también, porque además al bailar escuchamos música y desarrollamos el sentido del ritmo.

Periodista: Tener aficiones musicales también es importante.

Señor: Sí, sí. Cantar, por ejemplo, nos ayuda a estar más relajados y cuando nos relajamos podemos concentrarnos y estudiar mejor también. Todo es importante para el cerebro.

Pista 30:

Periodista: Muy bien. Y a usted, ¿qué le gusta hacer en su tiempo libre? ¿Usted también tiene aficiones inteligentes?

Señor: Bueno, yo tengo todo tipo de aficiones: inteligentes y no inteligentes.

Periodista: ¿Por ejemplo?

Señor: Por ejemplo hmmm. Me gusta mucho escuchar música.

Periodista: ¿Qué tipo de música? ¿Música clásica?

Señor: Bueno, me gusta más el rock y el jazz, la música clásica no me gusta. Me gusta mucho ir al cine. Tomar un café después del cine, ¡me encanta el café! Y estar con mis gatos. Me gustan mucho los gatos. Tengo 8 gatos en casa.

Periodista: ¡8 gatos! ¡Madre mía!

Pista 31:

Locutor: Hoy hablamos en el programa con personas que tienen una profesión que les encanta. Tenemos una primera llamada. ¿Hola?

Llamada 1.

Chico: Hola, buenos días.

Locutor: Hola, ¿cómo te llamas?

Chico: Me llamo...

Locutor: ¿Y de dónde llamas?

Chico: Llamo desde Barcelona.

Locutor: ¿A qué te dedicas?

Chico: Bueno, pues trabajo en el mundo del cine. Tengo ya 3 cortos. Y llamo porque creo que sí es posible hacer de tu hobby tu profesión. Desde pequeño me encanta el cine. Puedo ver películas, por la mañana, por la tarde, por la noche. No puedo vivir sin el cine.

Locutor: ¡Qué suerte! Muchas gracias por tu llamada.

Llamada 2.

Chica: Hola, buenos días.

Locutor: Hola, ¿cómo te llamas?

Chica: Me llamo...

Locutor: ¿Y de dónde llamas?

Chica: Llamo desde Pamplona.

Locutor: ¿Y cuál es tu hobby?

Chica: Mi hobby y mi profesión son la misma cosa. Me encanta viajar, me encanta hacer fotos, me encanta conocer gente. Por suerte, ese es mi trabajo, viajar, hacer fotos y conocer gente.

Locutor: ¡Qué suerte tienes! ¡Enhorabuena! Muchas gracias por tu llamada.

Llamada 3.

Locutor: Hola, buenos días. ¿Con quién hablamos?

Chico: Hola, me llamo...

Locutor: Hola. ¿Y desde dónde llamas?

Chico: Desde Salamanca.

Locutor: ¿Y a qué te dedicas?

Chico: Soy profesor de español.

Locutor: ¿Y en tu tiempo libre qué haces?

Chico: Pues hago muchas cosas, pero dedico mi tiempo libre también a preparar mi trabajo, porque me encanta. Creo que si trabajas en lo que te gusta, tu afición y un profesión es lo mismo, entonces todo tu tiempo es tu tiempo libre.

Pista 32:

Para los deportistas, el deporte es lo primero, pero también hacen otras cosas en su tiempo libre. Al futbolista argentino Messi, por ejemplo, no solo le gusta jugar al fútbol. También le gusta muchísimo jugar con la consola. Todas las noches, cuando no tiene un partido importante, juega a la Playstation en su casa.

Otro deportista, el campeón del mundo Nadal, también cambia de actividad en sus vacaciones. A este tenista le encanta pescar en su tiempo libre y cuando no está en competiciones de tenis internacionales, pesca mucho con sus amigos y familia en Mallorca, España. Sin embargo, no le gusta nada cocinar el pescado. "Mi madre cocina por mí", dice el deportista.

A otros famosos les gusta escribir. A Santiago Segura, por ejemplo, le encantan los cómics. Este famoso actor lee muchos y ahora también escribe, como el cómic sobre la famosa película en la que él es el protagonista: "Torrente".

A la famosa cantante colombiana Shakira le encanta cantar, su trabajo, pero también le gusta mucho patinar en su tiempo libre. Patina con sus amigos y, ahora, también con su familia en Barcelona.

Otro cantante con una afición muy artística es Alejandro Sanz. Él, en su tiempo libre, pinta para relajarse. Le encanta pintar y escuchar música. Ahora, incluso, expone en galerías de arte su obra artística.

Pista 33:

Llamada 1

Entrevistador: ¡Hola! Aquí tenemos a Susana, de Cádiz. Bueno, Susana, ¿qué te parece la iniciativa del banco de tiempo?

Susana: Pues la iniciativa del banco del tiempo me encanta, creo que es muy buena idea. Mira yo sé bailar flamenco y doy clases de baile los lunes y los martes a otros socios. A cambio, otros socios pasean a mi perro, porque yo no tengo mucho tiempo y también me ayudan con pequeñas reparaciones de la casa.

Llamada 2

Entrevistador: Martín es de A Coruña y también es socio del banco del tiempo. Martín, ¿qué servicios prestas?

Martín: Hola. Bueno, yo soy informático y también sé hablar inglés. Por eso, doy clase de inglés por Skype a otros socios. ¡Tengo alumnos en toda España! Y, también arreglo ordenadores, pero eso lo hago aquí, en A Coruña.

Entrevistador: ¡Ah! Internet es una maravilla, es verdad. ¿Y qué servicios recibes, Martín?

Martín: Pues mira, no sé cocinar. Para ser sincero, no me gusta nada la cocina. Lucinda, otra socia del banco del tiempo, me prepara la comida los lunes. Ya sé que no es muy normal, pero...

Llamada 3

Entrevistador: Buenas tardes, Débora. Eres socia del banco de tiempo desde hace mucho. ¿Qué servicios recibes?

Débora: Mmm, muy variados. Por ejemplo, otros socios me dan clases de cocina, porque me encanta aprender nuevas recetas para cocinar; también recibo clases de pintura y hay un socio que es peluquero y me corta el pelo todos los meses.

Entrevistador: Interesante. Y, ¿qué servicios prestas?

Débora: Pues sé hablar varios idiomas. Soy traductora y también traduzco algunos textos para socios del banco del tiempo.

Pista 34:

Marta: ¿Hola?

Luisa: ¡¡Felicidades!! Cumpleaños feliz, cumpleaños feliz

Marta: ¡Luisa! ¿Cómo estás? ¡Qué sorpresa!

Luisa: Yo muy bien. ¿Y tú, cómo estás? ¿Qué tal en Guatemala?

Marta: Muy bien, la verdad. Es una experiencia muy especial. ¡Me encanta Guatemala!

Luisa: Imagino... ¿Y el trabajo en la ONG? ¿Qué haces con los chicos?

Marta: Pues enseño inglés y les encanta. Son muy buenos estudiantes. En clase cantamos, jugamos y, como me encanta el cine, vemos películas en inglés. A ellos también les gusta mucho ver películas.

Luisa: ¡Qué bien! Seguro que es una gran experiencia.

Marta: Sí. Lo único que no me gusta nada es mi casa nueva, es pequeña y vieja y vivo con unos chicos muy antipáticos. Pero eso no es importante, lo importante es que me encanta el trabajo y el país, que es muy bonito.

Luisa: ¿Sí? ¿Tienes muchas fotos? Mándame fotos por *Whatsapp*.

Marta: Sí, ya sabes que me gusta bastante hacer fotos. Hago muchas fotos de las clases, de la gente de la ciudad, del río...

Luisa: ¡Qué bien!.

Marta: Pues muchas gracias por llamar. ¡Me encanta hablar contigo!

Luisa: Gracias a ti. Pásalo bien en tu cumpleaños. Hablamos otro día.

Marta: Un beso.

Pista 35:

Películas   Fotos   Jóvenes   Teléfono   Trabajo   Dibujar   Enseñar   Pescar   Cómic   Casa

Pista 36:

Poema del NO

No a la tristeza

No al dolor

No a la pereza

No a la envidia

No a la incultura

No a la violencia

No a la injusticia

No a la guerra

Sí a la paz

Sí a la alegría

Sí a la amistad

UNIDAD 5

Pista 37:

Locutor: Hoy en radio Genial hablamos de tus barrios favoritos. ¿Cuál es tu barrio preferido y por qué?

Diálogo A: Me encanta Palermo. Normalmente voy con mis amigos y comemos allí, hay muchos restaurantes modernos que me encantan, luego paseamos y hacemos compras en las boutiques, ¡hay muchas tiendas pequeñas que son únicas!

Diálogo B: A mí me gusta mucho el barrio Lavapiés hay gente de muchos lugares del mundo, es muy especial. Además hay mucha música en la calle. También voy porque mi restaurante Indio favorito está allí.

Diálogo C: Pues yo voy mucho al distrito San Miguel, porque me encanta ir de compras. En los centros comerciales hay tiendas de Carolina Herrera, Versace, Zara... ¡Es perfecto para pasar el día!

Pista 38:

Locutor: Hoy, en nuestro programa Cine de Barrio, estamos hablando de barrios de cine. Vamos a escuchar ahora los mensajes que nos habéis dejado en nuestro contestador.

Mensaje 1: ¡Hola! Me encanta vuestro programa. Lo escucho siempre... Bueno, yo me llamo Maribel y vivo en Little Italy. Es un barrio al sur de Manhattan, y es famoso porque es el barrio de Vito Corleone, *El Padrino*...

Pero bueno, ya no es un barrio de gánsteres y mafiosos, como en la película... Ahora es un barrio muy diferente. Actualmente solo el 5% de la población de Little Italy es italiana, y está muy cerca del famoso barrio chino. Hay muchos restaurantes y tiendas de origen italiano Y entre las calles Prince y Houston, podemos visitar la antigua catedral de San Patricio. Yo vivo muy cerca.

Mensaje 2: ¡Buenos días! Saludos a todos los oyentes de Cine de Barrio. Yo soy Pedro, y soy de México, pero vivo en Londres. Mi barrio es un barrio genial, tiene mucha vida y es muy agradable. Desde 1999 es un barrio muy famoso por la película que lleva su nombre: Notting Hill. Es un barrio muy elegante, y en sus calles hay restaurantes y tiendas de todo tipo, un mercado muy interesante, sí, y en agosto hay una fiesta de Carnaval famosa en todo el mundo. Pero en Notting Hill hay una tienda especialmente famosa: la librería donde Hugh Grant y Julia Roberts se enamoran, pero en realidad es una tienda de zapatos... A mí el barrio me encanta, sobre todo pasear por sus mercados. Además, está muy bien comunicado: hay una parada de metro muy cerca de la calle principal.

Mensaje 3: ¡Hola a todos! Yo soy Carlos y vivo en Montmartre, el barrio de Amélie Poulin. Este barrio de artistas está en París, la capital de Francia. En sus calles estrechas hay restaurantes y cafeterías con terrazas, y en la calle Lepic está el ahora famoso Café des Deux Moulins: la cafetería donde trabaja Amélie en la película. El barrio también es famoso por su vida nocturna: hay muchos bares y cabarets. Pero bueno, en este barrio no solo hay artistas y fiestas, también hay monumentos famosos para visitar, como la iglesia del Sagrado Corazón, es una iglesia blanca encima de una colina.

Mensaje 4: Buenas tardes a todos. Yo quiero hablar de un barrio de Barcelona que podéis ver en la película de Woody Allen *Vicky, Cristina, Barcelona*. El barrio está en el centro de Barcelona y es un barrio muy turístico. Claro, porque el Barrio Gótico es el barrio histórico de Barcelona. Hay muchos monumentos e iglesias, y también museos. Pero a mí lo que más me gusta es pasear por sus calles. Mi lugar favorito es la Plaza de San Felipe Neri, una pequeña plaza con árboles donde también hay un restaurante. ¡Sí! El restaurante donde Bardem, Scarlet Johansson y Penélope Cruz cenan en la película. ¡Es un lugar muy bonito!

Pista 39:

- Hola, buenos días, mire, llamaba por el anuncio de la página web, que está en la Calle Picasso número 4.
- Sí, sí dígame.
- Mire, vamos a ir a Madrid el próximo fin de semana.
- Sí.
- Mmm... Queremos saber... ¿Cuál es la estación de metro más cerca?
- Santo Domingo, muy céntrico.
- Vale, ¿y tiene calefacción?
- No, no tiene calefacción, pero eso no es importante.
- ¿Y tiene cocina?
- Bueno, tiene un frigorífico pequeño, pero no tiene una cocina.
- Vale, una cosa más, ¿tiene garaje o aparcamientos cerca?
- Hay un parking en la Plaza de España, muy cerca.
- Ah un parking privado, ¿no?
- Sí, sí.
- Ah, y ¿la conexión a internet es gratis, no?
- Sí, claro.
- No tiene ascensor, ¿verdad?
- No, lo siento.
- Vale, pues nada más, muchas gracias. Pronto le escribimos un mail. Nos interesa.
- Vale, saludos y gracias.

Pista 40:

Cicero   Quecasu   Cazolso   Suzu   Cosiqui   Cuque.

Pista 41:

Cocinero   Rizado   Pequeño   Casado   Catorce   Ascensor.

Pista 42:

1.- Rosa quiere una casa con terraza.

2.- Quique tiene quince lápices de colores, cinco rosas y diez azules.

3.- En mi ciudad hay cuatro cines.

4.- En la plaza hay un quiosco. La plaza está cerca de su casa.

Pista 43:

Quique cocina solo cinco cocos. ¿Solo quince cocos cocina Quique?

Pista 44:

Audio 1:

Hombre: ¿Hola, sabes dónde está la farmacia?

Mujer: Sí, mira, todo recto y la segunda a la derecha.

Audio 2:

Hombre: Buenas tardes, sabe dónde hay una cafetería?

Mujer: Sí, al final de la calle al lado del parque.

UNIDAD 6

Pista 45:

Loreto: ¿No comes carne, Antonio?

Antonio: No, no como nada de carne. No la puedo ni ver.

TRANSCRIPCIONES

Loreto: ¿Y pescado?

Antonio: No, tampoco como pescado.

Loreto: Mmm, ¿pero comes huevos, no?

Antonio: Sí, sí, huevos y productos lácteos sí que como. No soy vegano, Loreto, soy vegetariano, que es muy diferente.

Loreto: Vale, vale… Pues hay una revista que tiene unas recetas estupendas para gente que no come carne ni pescado. Creo que se llama…

Pista 46:

Experto: Hoy hablamos de la dieta de la mano. Una dieta con resultados maravillosos. Nuestras manos nos ayudan a saber qué cantidad comer de cada alimento. Por ejemplo, una ración de carne debe ser del mismo tamaño que la palma de la mano. Para la mantequilla, con un dedo es más que suficiente. Si les gusta el queso, la ración perfecta es dos dedos máximo. Y la pasta, que es mi plato favorito, la cantidad ideal es como el contenido de su puño. El helado, igual, comer como mucho dos bolas del tamaño del puño. Y lo más sano, las verduras. Puede comer una ración de dos manos. El cuerpo no necesita más cantidad, estas son las cantidades perfectas.

Pista 47:

Raquel: Raúl, ¿qué tal?

Raúl: Hola Raquel. Bien, en el trabajo…

Raquel: Oye, ¿comemos juntos mañana? Tengo algo importante que contarte.

Raúl: ¡Claro! ¿Dónde comemos? *En La Parrilla Argentina*, tienen una carne buenísima.

Raquel: Raúl, ya sabes que no como carne que soy vegetariana, hombre.

Raúl: Ay, perdona Raquel. Siempre lo olvido. Pues entonces, ¿qué te parece si comemos en *El Arrozal*?. Preparan unas paellas de pescado muy buenas. Me apetece mucho comer paella.

Raquel: Raúl, no como pescado…

Raúl: Perdona. ¡Qué desastre soy! Dime, ¿qué te apetece comer?

Raquel: Pues me apetece muchísimo comida tailandesa. Hay un restaurante tailandés que se llama *Siam* y está al lado de mi trabajo. ¿Qué te parece?

Raúl: Tailandés… Uf, no me gusta nada.

Raquel: Vale, ¿Decidimos mañana dónde vamos?

Raúl: Me parece perfecto, mejor decidimos mañana. ¿A la una y media?

Raquel: Genial. Entonces nos vemos mañana.

Raúl: Hasta mañana.

Pista 48:

Raúl: Mira, Raquel, ¿Te gusta aquel restaurante?

Raquel: A ver, a ver… Vamos a acercarnos a mirar el menú del día.

Raúl: No tienen menú del día, es un restaurante de tapas. ¿Qué te parece? ¿Te apetece?

Raquel: Sí, mucho. Me apetece mucho un pincho de tortilla de patatas. Y a lo mejor me tomo un gazpacho fresquito.

Raúl: ¿Tienen hamburguesas?

Raquel: No, hamburguesas no. Pero mira, tienen croquetas caseras, que te encantan.

Raúl: Sí, es verdad. Venga, pues comemos aquí.

Pista 49:

Camarera: Hola, buenas. ¿Queréis tomar el menú del día o queréis comer de carta?

Chico: Pues preferimos el menú del día. ¿Qué tenéis?

Camarera: Pues de primero tenemos Ensalada de la casa, Crema de verduras, tallarines salteados con gambas, garbanzos estofados con chorizo.

Chico: Ufff, ¿y de segundo?

Camarera: Churrasco asado con finas hierbas, jamoncitos de pollo al horno, lenguado al limón, filete de merluza a la plancha con ajo y perejil.

Chico: ¿y de postre?

Camarera: Pues plátano con chocolate, yogurt natural, fruta del tiempo y helado

UNIDAD 7

Pista 50:

Pista 51:

Luis: ¿Cómo tienes la agenda esta semana? ¿Podemos quedar un día y tomar un café juntos?

Chica: A ver, voy a ver mi agenda…. Espera, ¿eh?

Luis: Pues el lunes, miércoles y viernes por la mañana tengo Yoga. Y el sábado y el domingo salgo a correr con mi perro también por la mañana. El martes tengo clase de Tai Chi, así que por la mañana solo puedo el jueves. Si quieres, quedamos el jueves para desayunar.

Chica: Uy, no. El jueves por la mañana yo tengo clase de italiano. No puedo. ¿Y por la tarde, después de comer?

Luis: Pufff. Por la tarde, muy difícil. Ahora hago un curso intensivo de alemán y tengo clase de alemán todos los días por la tarde. Bueno, menos el sábado y el domingo. Podemos quedar el fin de semana.

TRANSCRIPCIONES

Chica: Este fin de semana me voy de viaje. Me voy a la playa con mis amigas. ¿Quieres venir con nosotras?

Luis: No puedo. El viernes por la noche salgo con unos amigos a tomar algo y el sábado tengo el concierto de Sabina, pero estoy libre el lunes, el martes, el miércoles y el jueves por la noche.

Chica: ¿Pues el jueves nos tomamos algo?

Luis: ¡Vale! ¡Perfecto! Nos vemos el jueves por la noche.

Pista 52:

Audio: 1. ¡Buenos días, madrugadores! Son las seis y media de la mañana y empezamos nuestro programa De Buena Mañana.

Audio 2: Son las diez en punto de la mañana y esto es tu programa de noticias preferido.

Audio 3: Buenas tardes, curiosos. Son las cinco menos cuarto de la tarde y comenzamos con la actualidad del corazón en Tómbola.

Audio 4: Muy buenas noches radioyentes. Es la una y cuarto. ¿Listos para escuchar Músicas del Mundo?

Pista 53:

Hay un hombre que siempre va vestido de gris.

Tiene un traje gris, tiene un sombrero gris,

tiene una corbata gris y también un bigote gris.

El hombrecito vestido de gris hace cada día las mismas cosas.

Se levanta con el sonido del despertador.

Con la voz de la radio, hace un poco de gimnasia.

Se ducha con agua bastante fría;

Desayuna, y su desayuno siempre está bastante caliente;

toma el autobús, que siempre está bastante lleno;

y lee el periódico, que siempre dice las mismas cosas.

Y, todos los días, a la misma hora, se sienta en su mesa de la oficina;

y empieza a enviar correos, sin hablar.

Todos los días a la misma hora.

Ni un minuto más, ni un minuto menos.

Todos los días, igual.

El despertador tiene cada mañana el mismo sonido.

Y esto le dice que este día es exactamente igual que ayer.

Pista 54:

Fragmento 1:

Presentadora: Hoy hablamos de los hábitos del tiempo libre y sobre la gente que es muy aficionada a determinadas actividades. Si tienes alguna adicción, llámanos al 919191919 Pasamos a la primera llamada.

Presentadora: Hola, ¿quién nos llama?

Juancho: Hola, me llamo Juancho.

Presentadora: ¿De dónde llamas, Juancho?

Juancho: Llamo de Bilbao.

Presentadora: ¿A qué eres adicto tú?

Juancho: A mí me encantan los tatuajes. Desde que tengo 15 años me hago un tatuaje al mes y tengo 30 años.

Presentadora: O sea que tienes 180 tatuajes?

Juancho: ¡Exacto!

Presentadora: ¡Qué barbaridad!...

Fragmento 2

Presentadora: ¿De dónde nos llamas Rober?

Rober: Llamo de Barcelona.

Presentadora: ¿Y a qué eres adicto tú?

Rober: A mí me encanta comprar y comprar. Mi mayor afición cuando no estoy en el trabajo es ir a centros comerciales, calles con muchas tiendas, ... Ropa, cosas de casa, electrónica, todo ¡Soy comprador compulsivo y es muy peligroso porque no tengo suficiente dinero!

Fragmento 3:

Presentadora: Y tú, Joanna, ¿a qué eres adicta?

Joana: A mí lo que más me gusta hacer en mi tiempo libre es hacer deportes de aventura. Me encanta el rafting, me gusta mucho escalar y tirarme en paracaídas o de un puente. Son mis mayores aficiones y siempre que tengo tiempo libre pruebo un deporte extremo diferente. No puedo vivir sin mi dosis de adrenalina.

Presentadora: Tirarte de un avión. Guauuu. ¡Qué emocionante!

Pista 55:

Emily: Hola, Alex. ¿Qué haces el fin de semana? ¿Quieres hacer algo mañana? En la página de *Meetup* proponen muchos planes interesantes.

Alex: Sí, sí. Estoy ahora delante del ordenador. Hay grupos muy interesantes y así podemos conocer gente.

Emily: ¡Sí! Yo creo que es muy interesante el grupo de senderismo. Hacen una ruta en la naturaleza todos los sábados por la mañana.

Alex: ¡Ufff! ¡Qué pereza! Yo todos los días de la semana me levanto muy temprano, así que el sábado prefiero dormir por la mañana y hacer algo por la tarde. Además, la excursión del grupo de senderismo termina por la tarde y yo quiero ir al club de lectura.

TRANSCRIPCIONES

Emily: Vaaaale. ¿A qué hora termina el club de lectura?

Alex: Creo que a las siete y media.

Emily: ¿Vamos juntos a la reunión de Idiomarte? Hay un concierto de jazz y después la gente se junta para practicar idiomas. Puede ser divertido.

Alex: Eso sí me gusta. Nos vemos a las 8 entonces.

Emily: Chévere.

UNIDAD 8

Pista 56:

Audio 1.

- Hola, buenos días. Me llamo Adela Rodríguez, ¿en qué puedo ayudar?
- Buenos días. Mire. Estoy en su página web. Me voy de vacaciones a Mallorca y necesito un hotel. He mirado en sus hoteles de playa y tengo una pregunta sobre el hotel Miramar.
- Sí, dígame.
- Pues en la foto y en la descripción no dice dónde está el hotel. ¿Está en primera línea de playa? Quiero ir a la playa y ver el mar desde la habitación. ¿Hay habitaciones con vistas al mar?

Audio 2.

- Hola, buenas tardes. Le atiende Roberto. ¿Qué desea?
- Buenas tardes. Quiero ir de vacaciones a Cuba. Busco un vuelo a La Habana para el día 13 de agosto, pero no encuentro información en la página web.
- Sí, el 13 no tenemos ningún vuelo, pero el 14 tenemos dos vuelos a La Habana. Puede encontrar toda la información en la página web.
- Gracias.

Audio 3.

- Hola, buenos días. Me llamo Priscila. ¿En qué puedo ayudar?
- Hola. Quiero ir a esquiar a Bariloche, Argentina. Ya tengo los vuelos, pero no sé dónde encontrar un hotel para una semana.
- Entre en nuestra página web en la sección de hoteles de montaña. Después, busque Argentina y encontrará todos los hoteles de montaña de Argentina. Ahí puede ver fotos y precios de todos los hoteles.
- Muchas gracias.

Pista 57:

Entrevistador: Hola a todos, viajeros y viajeras. Bienvenidos al podcast semanal de compisdeviaje. Hoy hablamos de tipos de viajeros, porque no todos viajamos de la misma manera. Hay viajeros más aventureros, otros más planificadores... En fin, hay tantos viajeros como personas y viajes. Empezamos con el mensaje de Rodolfo.

Rodolfo: Holaaa... Soy Rodolfo. Me encanta viajar a lugares nuevos y conocer gente, pero lo que más me gusta es hacer fotos cuando viajo. Siempre voy con mi cámara, ¡nunca se me olvida! Sí, me considero un viajero fotógrafo, y sí, viajo para hacer fotos y para ponerlas en mi blog de viajes. ¡Tengo muchos seguidores!

Lulú: ¡Buenas! Mi nombre es Lulú. Llamo desde Colombia. Bueno, yo creo que soy una viajera cultural porque me encanta visitar nuevos lugares para conocer la cultura de la gente, de las ciudades y de los pueblos que visito. Su comida, sus monumentos, sus costumbres, eso es lo más importante para mí. Podría decir que viajo para aprender.

Antonio: Ehhh hola, me llamo Antonio. Bueno, pues trabajo en una agencia de viajes y, claro, en los viajes que hago en grupo me encanta organizarlo todo: el itinerario, los hoteles, los vuelos... Así que puedo decir que soy un viajero planificador, sí. ¡Pero no viajo para planificar! No, viajo para conocer a gente nueva, sobre todo compañeros de viaje nuevos.

Pista 58:

Presentador: Hoy tenemos en nuestro programa *Gente a la moda* a Adela, bloguera de moda que nos va a hablar de diferentes formas de vestir de acuerdo con el momento del día. Hola Adela.

Adela: Hola.

Presentador: Háblanos de...

Pista 59:

Presentador: Hoy tenemos en nuestro programa *Gente a la moda* a Adela, bloguera de moda que nos va a hablar de diferentes formas de vestir de acuerdo con el momento del día. Hola Adela.

Adela: Hola.

Presentador: Háblanos de la ropa que nos recomiendas para cada momento del día.

Adela: Hola, pues creo que es muy importante elegir bien la ropa. No es lo mismo vestir para una fiesta por la noche que para una fiesta por la mañana. ¿Tienes una fiesta por la mañana? La mejor opción es ponerte unos pantalones y una camisa. Sin embargo, si la fiesta es al mediodía, la cosa es diferente. Creo que lo mejor para una fiesta al mediodía es llevar una falda corta y unos zapatos de tacón bonitos. Por la tarde, pues puedes ir más informal con unos vaqueros. Y por la noche, mejor llevar un vestido largo y combinarlo con un bolso elegante.

TRANSCRIPCIONES

Pista 60:

Emilio: ¡Mira qué zapatos tan bonitos! Me encantan. ¡Son una preciosidad! ¿Te los compras?

Adela: A mí lo que me gusta es este vestido rojo. ¡Qué vestido tan bonito! Me lo voy a comprar para la boda de Raquel.

Emilio: ¡Ay! Sí. El color es muy bonito. ¡Y no es muy caro!

Pista 61:

En La Paz hace frío todo el año. En Sevilla hace mucho calor en agosto. En Patagonia nieva en julio. En Finisterre llueve mucho todo el año. En Bogotá hace sol todo el año. En Fuerteventura hace viento todo el año.

CUADERNO DE ACTIVIDADES

Pista 62:

Pe, e, erre, erre, o; Perro; Be, o, te, e, ele, ele, a; Botella; Efe, u, te, be, o, ele; Fútbol; De, i, ene, e, erre, o; Dinero; Ene, a, erre, a, ene, jota, a; Naranja; Ce, o, ce, hache, e; Coche

Pista 63:

Cama   Pena   Muñeco   Niño   Nuevo   Cabaña
Mono   Palma   Melena   Baño

Pista 64:

- A mí no me gusta la música *country*.
- A mí tampoco me gusta la comida española.
- A mí también me encanta la pizza.
- A mí sí me gusta la lluvia.

Pista 65:

Chico: ¿No te gusta la comida española? ¿Por qué?

Chica: No me gusta porque soy vegana y en la comida española, es muy difícil.

Chico: No es verdad, porque en España comen muchas ensaladas y sopas de verdura. ¿Por qué no pides gazpacho?

Chica: No me gusta el gazpacho. Vamos a otro restaurante.

Chico: Vale.

Pista 66:

Trini: Hija, ¿qué tal estás?

Julia: Muy bien, abuela, pero quiero verte.

Trini: ¡Uy! Pues estoy muy ocupada, como siempre.

Julia: Ya lo sé, pero... ¿Hoy por la tarde qué haces?

Trini: Pues mira, hoy por la tarde tengo que escribir mi blog de moda, que mis seguidores esperan una nueva entrada.

Julia: Bueeeeeno, entonces, ¿el viernes? ¿Qué haces?

Trini: Ufff, el viernes es imposible porque salgo de fiesta con mis amigas del club del jubilado. Lo siento hija, pero no puedo.

Julia: Pues no sé, entonces, ¿el sábado por la mañana?

Trini: No, tampoco puedo, Julia. El sábado por la mañana hago yoga en el parque, y no me lo puedo perder. Sabes que me gusta estar en forma. Pero, ¿por qué no vienes a yoga conmigo? Y después de la clase, comemos juntas.

Julia: ¡Genial, abuela! Me encanta el plan.

Pista 67:

- Hola, soy Raquel y me gusta viajar sola para conocer gente, pero esta vez hago un viaje muy largo. Voy a hacer un viaje por Sudamérica y quiero conocer gente para viajar juntos. Me gusta mucho la naturaleza. ¿Viajamos juntos?

- Hola, soy Carlos y me encantan los barcos y la fiesta. Este verano quiero viajar en mi barco a Ibiza y pasar 5 días en el barco y en las discotecas de Ibiza. ¿Te gustan los barcos? Podemos ir juntos.

- Hola, soy Inés. Me encanta viajar con mis amigas, pero voy a tener vacaciones en octubre y mis amigas no tienen vacaciones en octubre. Busco una compañera para viajar a Nueva York. Quiero ir de compras y a caminar por las calles de la ciudad. ¿Te gusta ir de compras? ¿Quieres viajar conmigo?

- Hola, soy Miguel. Me encanta viajar para hacer fotos. Soy fotógrafo y periodista y me encanta la fotografía. Siempre viajo solo, pero quiero viajar con otra persona a la que le guste la fotografía esta vez. Me voy en junio a la Patagonia Argentina. ¿Te apuntas?